_____학교 ____학년 ____반 _____의 책이에요.

신나는 교과 체험학습 시리즈 이렇게 활용하세요!

'체험학습'이란 책에서나 수업 시간에 배운 지식을 실제 현장에서 직접 경험해 보는 공부 방법이에요. 단순히 전시된 물건을 관람하거나 공연을 보는 것이 아니라 학습을 하기 전에 미리 필요한 정보를 조사하는 것까지를 포함한 모든 활동을 의미해요. 어떻게 공부할 것인지를 준비하면 그렇지 않은 경우보다 훨씬 더 많은 것을 보고 느끼게 되겠지요. 이 책은 체험학습을 하려는 어린이들에게 좋은 길잡이 역할을 할 거예요.

❶ 가기 전에 읽어 보세요

이 책은 체험학습 현장을 어린이들이 쉽게 이해할 수 있도록 풀이한 안내서예요. 어린이들이 직접 체험학습 현장을 찾아가는 데 필요한 정보가 들어 있어요. 체험학습 현장을 가기 전에 꼼꼼히 읽어 보세요.

❷ 현장에서 비교해 보세요

아차산과 관련된 흥미진진한 역사 이야기를 현장 사진과 함께 풀어 놓았어요. 책에서 본 것들을 현장에서 직접 확인하다 보면 잘 이해가 되지 않았던 것들이 자연스럽게 이해될 거예요.

❸ 스스로 활동해 보세요

이 시리즈는 단지 지식을 전달하기 위한 교양서가 아니에요. 어린이 여러분이 교과서로 수업 시간에 배운 내용을 실제 현장에서 직접 체험하며 익힐 수 있도록 다양한 활동 내용을 담았지요. 책 중간이나 뒷부분에 이해를 돕기 위한 활동이 있으니 꼭 스스로 정리해 보세요.

❹ 견학 후 활동이 다양해요

체험학습 후에는 반드시 견학 후 여러 가지 활동을 해 보세요. 보고서 쓰기, 신문 만들기, 그림 그리기 등을 통해 체험학습에서 보고 들은 내용을 다시 한번 정리하면 알찬 체험학습이 될 거예요.

신나는 교과 체험학습 **25**

고구려의 힘찬 기상을 찾아 떠나요 **아차산**

초판 1쇄 발행 | 2007. 12. 5.
개정 3판 7쇄 발행 | 2023. 11. 10.

글 최원근 | **그림** 김순남 | **감수** 김민수

발행처 김영사 | **발행인** 고세규
등록번호 제 406-2003-036호 | **등록일자** 1979. 5. 17.
주소 경기도 파주시 문발로 197(우10881)
전화 마케팅부 031-955-3100 | 편집부 031-955-3113~20 | 팩스 031-955-3111

값은 표지에 있습니다.
ISBN 978-89-349-8537-2 64000
ISBN 978-89-349-8306-4 (세트)

좋은 독자가 좋은 책을 만듭니다. 김영사는 독자 여러분의 의견에 항상 귀 기울이고 있습니다.
전자우편 book@gimmyoung.com | 홈페이지 www.gimmyoungjr.com

어린이제품 안전특별법에 의한 표시사항
제품명 도서 제조년월일 2023년 11월 10일 제조사명 김영사 주소 10881 경기도 파주시 문발로 197
전화번호 031-955-3100 제조국명 대한민국 ⚠주의 책 모서리에 찍히거나 책장에 베이지 않게 조심하세요.

고구려의 힘찬 기상을 찾아 떠나요

아차산

글 **최원근** 그림 **김순남** 감수 **김민수**

주니어김영사

차례

아차산에 가기 전에

미리 준비하세요

1. 준비물 필기도구, 사진기, 지하철 노선표, 교통비, 《아차산》 책, 간식

2. 옷차림 산을 오르내려야 하니 땀을 잘 흡수하고 바람이 잘 통하는 등산복을 입는 것이 좋아요. 신발도 등산화나 바닥이 미끄럽지 않은 운동화를 신어요. 따가운 햇볕을 피할 수 있도록 모자도 꼭 준비해요.

가는 방법

출발 장소인 아차산 생태공원에 가는 방법이에요.

지하철   지하철 5호선 아차산역(2번 출구)에서 03번 마을버스를 타고 영화사 입구에서 내려요. 걸어서 가면 25분 정도 걸려요. 지하철 5호선 광나루역(1번 출구)에서는 걸어서 15분 정도 걸려요.

버스   간선버스(파랑) 130번, 300번, 370번을 타거나 광역버스(빨강) 9301번을 타고 지하철 5호선 광나루역에서 내려요. 광나루역 1번 출구에서 광장초등학교, 광장중학교 앞으로 가서 왼쪽으로 나가요.

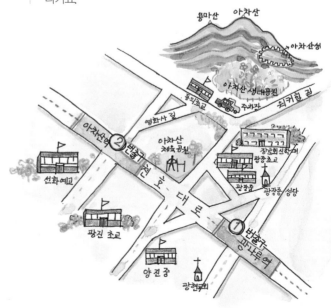

고구려의 유적지, 아차산은요……

아차산은 해발 285미터의 낮은 산이지만 남쪽으로는 한강 남쪽의 모든 지역을 한눈에 볼 수 있고, 북쪽으로는 멀리 의정부까지 볼 수 있어요. 이러한 까닭에 예부터 군사적으로 매우 중요하게 여긴 곳이에요. 특히 삼국 시대에는 고구려, 백제, 신라가 서로 이 지역을 차지하기 위해 여러 차례 치열한 싸움을 벌였답니다.

이렇게 삼국이 서로 뺏고 빼앗겼던 격전지였던만큼 아차산에는 삼국의 군사 시설과 생활의 흔적이 많이 남아 있어요. 대표적인 것이 백제가 쌓은 아차산성이지요. 그런데 1989년 아차산 일대에서 고구려의 군사 시설인 보루*가 발견되

면서 아차산은 고구려의 유적지로 더욱 주목받았어요. 아차산 일대에서만 16개의 보루를 발견했고 각종 무기부터 토기와 같은 생활 용품까지 많은 유물이 나왔지요.

자 그럼, 파란만장했던 고구려의 역사를 찾아 아차산으로 떠나 볼까요?

아차산에서 바라본 한강
아차산 대성암 쪽으로 올라가면서 내려다본 한강의 모습이에요.

*보루 : 적의 침입을 막기 위해 돌 따위로 튼튼하게 쌓은 작은 성을 말해요.

삼국의 다툼, 한강을 차지하라!

고구려의 역사 속으로 들어가기 전에 고구려, 백제, 신라 삼국이 한강을 두고 서로 경쟁하며 다투던 때의 역사를 살펴보아요.

고구려, 백제, 신라는 나라의 기틀을 다진 뒤 영토를 넓히기 위해 크고 작은 전쟁을 일으켰어요. 이러한 다툼에서 중요한 역할을 한 곳이 바로 한강이었지요. 삼국 가운데 가장 먼저 한강을 차지한 나라는 백제였어요. 한강 유역의 넓은 평야를 차지하고, 황해를 통해 중국을 드나들면서 전성기를 맞이했지요. 4세기 근초고왕 때에 북쪽으로는 예성강 너머 지역으로 뻗어 나갔고, 남쪽으로는 마한을 정복하면서 남해안까지 영토를 넓혔어요. 바다 건너 중국이나 일본과는 문화를 교류하면서 찬란한 백제 시대를 열었지요.

백제가 한강 유역을 차지하며 전성기를 누리던 4세기 무렵, 고구려는 나라의 기반을 다지며 발돋움하고 있었어요. 391년 왕의 자리에 오른 광개토 대왕은 고구려의 영토를 압록강 북쪽으로 넓혀 가면서 남으로는 백제를 끊임없이 공격했어요. 그리고 장수왕 때는 한강 유역에서 백제를 완전히 몰아 내고 한강의 새로운 주인이 되었지요. 또한 중국의 만주 일대까지 영토를 넓혀 중국을 위협했어요.

장수왕의 남하 정책으로 475년에 도읍인 위례성을 빼앗긴 백제는 웅진(공주)으로 도읍을 옮길 수밖에 없었어요. 그런데 웅진은 적의 침입을 막기에는 좋은 곳이었으나 다른 나라와

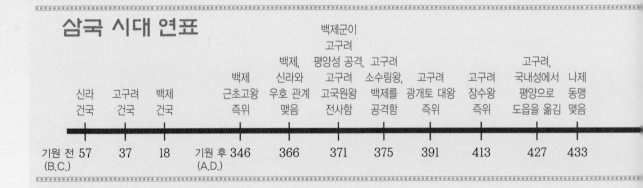

삼국 시대 연표

신라 건국	고구려 건국	백제 건국	백제 근초고왕 즉위	백제, 신라와 우호 관계 맺음	백제군이 고구려 평양성 공격 고구려 고국원왕 전사함	고구려 소수림왕, 백제를 공격함	고구려 광개토 대왕 즉위	고구려 장수왕 즉위	고구려, 국내성에서 평양으로 도읍을 옮김	나제 동맹 맺음
기원 전 57 (B.C.)	37	18	기원 후 346 (A.D.)	366	371	375	391	413	427	433

4

교류를 하기에는 알맞은 곳이 아니었어요. 그래서 백제는 경제적으로 어려움을 겪었지요. 사정이 그러하니 백제는 고구려에 빼앗긴 한강 유역을 되찾아야만 했어요. 백제의 동성왕은 신라와 동맹을 맺어 고구려에 맞서며 기회를 노렸지요. 551년, 백제의 성왕은 마침내 신라의 진흥왕과 힘을 합쳐 고구려를 공격했어요. 결과는 백제와 신라의 승리였어요. 백제는 한강 하류의 땅을, 신라는 한강 상류의 땅을 각각 차지했지요. 그러나 기쁨도 잠시, 백제는 76년 만에 되찾은 한강 유역을 이번에는 신라에게 송두리째 내주어야 했어요. 백제와 힘을 합쳐 한강 유역을 되찾은 신라의 진흥왕이 도리어 백제를 공격하여 한강 하류까지 빼앗았기 때문이지요. 화가 난 백제의 성왕은 몸소 군사를 이끌고 신라로 쳐들어갔지만 관산성 전투에서 목숨을 잃고 말았어요.

한강을 차지한 신라는 가야를 정복하고 북쪽으로 함경도 지방까지 영토를 넓혀 한반도의 새로운 강자로 떠올랐어요. 그리고 마침내 신라는 백제와 고구려를 차례차례 무너뜨리고 676년에는 중국의 당나라 군대까지 몰아내 삼국을 통일했답니다.

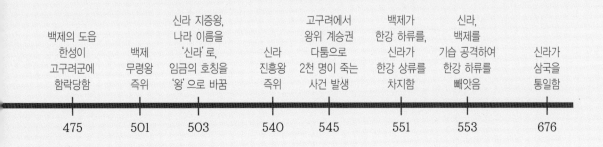

백제의 도읍 한성이 고구려군에 함락당함	백제 무령왕 즉위	신라 지증왕, 나라 이름을 '신라'로, 임금의 호칭을 '왕'으로 바꿈	신라 진흥왕 즉위	고구려에서 왕위 계승권 다툼으로 2천 명이 죽는 사건 발생	백제가 한강 하류를, 신라가 한강 상류를 차지함	신라, 백제를 기습 공격하여 한강 하류를 빼앗음	신라가 삼국을 통일함
475	501	503	540	545	551	553	676

한눈에 보는 아차산!

자, 지도를 보세요. 우리가 가게 될 보루들이 보이지요? 지도에는 아차산에 있는 홍련봉 보루와 아차산 보루 외에도 또 다른 고구려 유적지인 용마산 보루와 망우산 보루, 시루봉 보루가 나와 있어요. 이 책에서는 홍련봉 보루와 아차산 보루들을 중심으로 살펴볼 거예요.

그런데 산을 오를 생각을 하니 벌써 숨이 차오른다고요? 그래요. 아차산은 그리 높지는 않지만 쉽게 오를 수 있는 산은 아니랍니다. 봉우리들이 줄줄이 연결되어 있어서 하나의 보루에서 다른 보루로 가려면 작은 산봉우리를 오르내려야 해요. 또한, 홍련봉 보루에서 아차산 4보루까지 모두 돌아보려면 어른의 걸음으로도 한나절이 넘게 걸려 어린이들이 하루 안에 돌아보기는 힘들어요. 그러니 코스를 나누어 돌아보도록 해요. 첫번째 코스는 홍련봉 1보루에서 2보루까지예요. 두 번째는 아차산 생태공원에서 출발해 아차산성을 거쳐 아차산 1보루에서 4보루까지 돌아보는 코스랍니다.

참, 여러분! 가파른 산을 올라야 하니 부모님이나 선생님처럼 보호해 줄 수 있는 어른과 꼭 함께 가도록 해요. 발굴 지역에 대해 자세히 설명해 줄 선생님과 가거나 체험 프로그램을 통해 답사하면 더 뜻깊을 거예요. 자 그럼, 출발해 볼까요?

이 책은
'고구려와 아차산 이야기'와
'아차산 답사' 두 개의 내용으로
구성돼 있어요. 이 책을 들고 아차산에 가는
친구들은 우선 아랫부분의 순서대로 돌아본
다음 집에 돌아와서 윗부분의 내용을
읽으면 이해가 잘 될 거예요.

아차산 고구려 유적, 이렇게 둘러보아요!
- 1코스 : 홍련봉 1보루 → 홍련봉 2보루
- 2코스 : 아차산 생태공원 → 아차산성 → 아차산 1보루 → 아차산 2보루 → 아차산 3보루 → 아차산 4보루

망우산 3보루

망우산 2보루

시루봉 보루

망우산 1보루

용마산 5보루

용마산 7보루

용마산 6보루

용마산 4보루

아차산 4보루

용마산 3보루

용마산 2보루

아차산 3보루

아차산 2보루

용마산 1보루

아차산 1보루

홍련봉 2보루

홍련봉 1보루

아차산성

1코스 출발!

한 강

아차산 생태공원

2코스 출발!

알아두세요!

아차산에서 발굴한 고구려 유물들은 현재 서울대학교 박물관에 일부 보관되어 있어요. 책을 통해 유물 사진들을 보고 박물관에 가서 실물을 직접 보면 많은 도움이 될 거예요.

• 서울대학교 박물관 홈페이지 – http://museum.snu.ac.kr
• 관람 시간 – 월요일부터 토요일 오전 10시에서 오후 5시(일요일, 국경일, 개교기념일(10월 15일)은 휴관)

고구려, 기세를 떨치다

삼국 가운데 가장 먼저 나라를 세운 것은 신라였지만 법과 제도를 마련하는 등 나라의 모습을 가장 먼저 갖춘 것은 고구려였어요. 고구려는 이렇게 안으로는 나라의 기틀을 다지며 밖으로는 영토를 넓혀 나갔어요. 4세기에 이르러 북쪽으로는 만주까지 영토를 크게 넓히고, 서쪽으로는 요동 지역까지 뻗어 나갔지요. 또한 남쪽으로는 당시에 백제가 차지하고 있던 한강 유역의 땅을 얻기 위해 호시탐탐 기회를 노렸어요.

하지만 한강을 차지하기란 좀처럼 쉽지 않았어요. 백제의 힘이 만만치 않았거든요. 백제와의 전쟁에서 고구려의 고국원왕이 백제군의 공격을 받아 전사*하는 수모까지 겪었을 정도였지요.

여기에서는 4세기에 고구려가 한강 유역을 두고 백제와 다투던 때의 역사를 살펴볼 거예요. 그러면 지금부터 흥미진진한 역사의 현장 속으로 함께 가 보아요.

*전사 : 전쟁터에서 죽음을 맞는 것을 말해요.

탑사 코스 1

홍련봉 1보루 → 홍련봉 2보루

지금부터 둘러볼 곳은 홍련봉 1보루와 2보루예요. 홍련봉 보루는 아차산 생태공원 맞은편에 있어요. 1보루와 2보루는 150미터 정도 떨어져 있는데, 지금은 발굴한 곳의 위치만 볼 수 있어요.

홍련봉 2보루
홍련봉 1보루

되찾아야 할 우리 문화 유산 ❶ – 장군총

중국 지린 성 지안 현에 있는 고구려의 무덤이에요. 천여 개의 돌을 피라미드 모양으로 쌓아올렸어요. 무덤 안의 유물을 모두 도난당해 누구의 무덤인지 정확하게 알 수 없지만 광개토 대왕의 무덤으로 보는 견해와 장수왕의 무덤으로 보는 견해가 있어요.

광개토 대왕비
광개토 대왕의 아들 장수왕이 아버지의 업적을 기리기 위해 세운 비석으로 중국 지린 성 지안 현 통구에 있어요. 고구려가 북쪽으로 만주까지 영토를 넓혔고 남쪽으로는 왜(일본)을 물리쳤다는 증거가 되는 비석이지요.

한강을 두고 백제와 싸우다

고구려가 한반도의 중심이 되고자 서서히 발돋움하던 때에 백제는 이미 한강 유역을 차지하고, 주변의 작은 나라들을 정복하며 최고의 전성기를 누리고 있었어요.

고구려도 이에 뒤질세라 낙랑군과 대방군을 몰아 내고 북쪽으로 뻗어 나갔어요. 하지만 중국의 전연이라는 나라의 공격을 받아 위기에 처했지요. 그래서 고구려는 남쪽으로 눈을 돌려 백제가 차지하고 있는 한강 유역을 빼앗기 위해 전쟁을 일으켰어요. 그러나 고국원왕이 직접 군대를 이끌고 나선 첫 전투에서 고구려는 백제에게 패하고 말았어요. 기세등등해진 백제는 371년에 먼저 고구려를 공격하기에 이르렀어요. 백제의 근초고왕이 군사 3만 명을 거느리고 고구려의 평양성을 공격한 것이지요. 그리고 이 싸움에서도 고구려는 백제에게 패하고 말았어요. 엎친 데 덮친 격으로 고국원왕이 그만 백제군이 쏜

고국원왕
미천왕의 아들로, 이름은 '사유'이며, 국강상왕이라고도 해요. 369년에 2만의 군대로 백제를 공격했지만 패하고, 371년에 고구려에 침입한 백제에 맞서 싸우다가 평양성에서 죽었어요.

➤➤➤ 홍련봉 1보루

이 곳이 바로 홍련봉 1보루예요. 홍련봉은 북동에서 남서 방향으로 길쭉한 땅콩 모양을 한 두 개의 작은 봉우리예요. 두 봉우리 사이의 거리는 150미터 정도이지요. 이 두 봉우리에서 모두 보루가 발견되었는데, 그 중 남쪽 봉우리가 1보루예요. 홍련봉 1보루에는 6세기에 고구려 군대의 지휘소가 있었을 것으로 짐작해요.

홍련봉 1보루 전경
보루는 긴 타원형이고, 성벽 둘레는 145미터, 성 안의 둘레는 950제곱미터 정도예요. 홍련봉 1보루 꼭대기는 평평하게 깎여져 있으며, 북쪽이 약간 높은 편이에요. 그리고 꼭대기의 바깥쪽을 따라 성벽을 쌓았어요. 사진은 2004년 발굴 당시의 현장 모습이에요. 지금은 흙으로 다시 덮어 안내판을 통해 위치만 가늠해 볼 수 있어요.

화살에 맞아 죽고 말았지요.

왕이 죽자 고구려 백성들은 충격에 빠졌어요. 고국원왕에 이어 왕의 자리에 오른 소수림왕은 불교를 받아들이는 등 나라의 힘을 한데 모으려 애썼어요. 그 뒤, 375년에 백제의 근초고왕이 세상을 떠나자 고구려는 다시 백제를 공격했지만 좀처럼 승부를 가리지 못했지요.

고국원왕이 백제군이 쏜 화살에 맞아 죽자
고구려와 백제는 원수 사이가 되었어요.

홍련봉 1보루의 성벽
발굴터를 따라 타원 모양으로 쌓아 놓았어요. 성벽의 길이는 145미터 정도 되는데, 성벽 바깥쪽으로 모두 여섯 지점을 발굴하여 조사했어요. 사진은 1지점의 성벽 모습이에요. 성벽은 8~9개의 단이 남아 있고, 높이는 1.8미터 정도예요.

건물 기단
홍련봉 1보루에서는 20여 기의 건물 기단을 발굴했어요. 기단은 건물의 터를 반듯하게 다듬은 다음 터보다 한 층 높게 쌓은 단이에요. 이 기단을 발굴함에 따라 여기에 네모난 형태의 건물이 있었을 것으로 짐작해요.

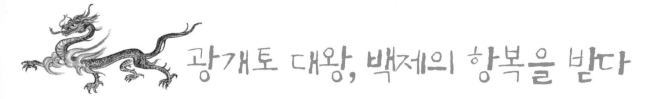

광개토 대왕, 백제의 항복을 받다

🏯 **광개토 대왕**
고구려 19대(391~413
년) 왕으로, 이름은 담덕
이에요. 살았을 때는 영
락대왕으로 불렸으며 가
장 넓은 영토를 차지했
지요.

고국양왕에 이어 왕의 자리에 오른 광개토 대왕은 백제와 벌인 평양성 전투에서 전사한 고국원왕의 원수를 갚기 위해 군대를 훈련시켰어요. 그러던 중 백제의 진사왕이 고구려를 공격해 왔어요. 광개토 대왕은 직접 군대를 이끌고 전쟁터에 나가 백제군을 물리치고, 백제가 차지하고 있던 한강 이북의 여러 지역을 차지했지요. 화가 난 진사왕이 다시 고구려에 쳐들어오지만 크게 패하고 돌아갔어요.

시간이 흘러, 392년에 백제의 진사왕이 죽고 아신왕이 왕의 자리에 올랐어요. 아신왕은 고구려에 빼앗긴 지역을 되찾기 위해서 군사 3만을 이끌고 고구려로 쳐들어갔어요. 그러나 광개토 대왕의 뛰어난 용병술로 인해 크게 패하고 오히려 위례성 바로 위쪽 한강 유역 영토까지 모두 잃고 말았지요. 아신왕은 다시 5만의 군사를 모아 고구려를 공격했어요. 하지만 또다시 고구려에 크게 패했고, 광개토 대왕은

🏯 **용병술**
전쟁에서 군사를 지휘하
여 전투를 승리로 이끄
는 방법이나 기술이에요.

➤➤➤ 홍련봉 1보루에서 발굴한 유물

이 곳에서는 여러 가지 고구려 유물이 발굴되었어요. 이 유물을 통해 당시 고구려군의 생활 모습을 짐작해 볼 수 있어요.

연꽃 무늬 기와
연꽃 무늬를 새긴 엷은 적갈색의 기와는 한강 남쪽에서 처음으로 출토되었어요. 고구려 때 기와는 지배 계층에서만 사용했어요. 그래서 이 곳에는 신분이 높은 군인들이 머물렀을 것으로 보여요.

그물추
그물이 물 속에 쉽게 가라앉도록 그물 끝에 매다는 도구예요. 이것으로 군인들이 한강에서 낚시를 했음을 짐작할 수 있어요.

화살촉과 비늘 갑옷 조각
쇠로 만든 화살촉이에요. 맨 오른쪽은 작은 쇳조각을 이어붙여 만든 비늘 갑옷 조각이지요.

백제의 군사적 요충지인 관미성까지 무너뜨렸어요. 그럼에도 아신왕은 관미성을 되찾기 위해 그 뒤 여러 차례 고구려를 공격했어요. 하지만 결국 아차산성 아래에서 광개토 대왕에게 무릎 꿇고 항복하고 말았지요.

그 뒤에도 광개토 대왕은 백제의 10개 성을 더 빼앗았어요. 북으로 압록강 너머까지 영토를 넓히고 남으로는 한강 유역으로 뻗어 나가면서 고구려는 서서히 한반도의 중심에 자리잡았지요.

백제의 아신왕은 광개토 대왕에게 천 명의 백성과 좋은 베 천 필을 바치며 항복했어요. 광개토 대왕은 백제의 성 58개와 700개의 마을을 빼앗고 아신왕의 아우와 대신 10여 명을 볼모로 데리고 고구려로 돌아갔어요.

통일 신라 시대의 토기
신라가 삼국을 통일한 뒤 이곳에 머물렀음을 보여 주는 토기예요.

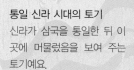

'부' 자가 새겨진 명문토기
왼쪽의 토기는 그릇 뚜껑의 일부로 '夫(지아비 부)' 자가 새겨져 있어요. 오른쪽 토기는 그릇의 옆면 또는 바닥으로 보이며 '父(아비 부)' 자가 새겨져 있지요.

온돌과 기와 조각
홍련봉 1보루에서는 13기의 온돌이 발굴되었어요. 사진은 그 가운데 하나로 온돌 주변에 고구려 기와 조각이 흩어져 있어요.

13

여기서
잠깐!

삼국이 전성기를 누릴 때 영토의 크기를 알아보아요.

백제, 고구려, 신라 세 나라는 한강 유역의 땅을 차지하면서 각각 최고의 전성기를 누렸어요. 아래 지도에서 보듯이 4세기에는 백제, 5세기에는 고구려, 6세기에는 신라가 각각 한강 유역을 차지하여 최고의 기세를 떨쳤지요.

백제의 전성기(4세기)
처음에 한강 유역을 차지한 나라는 백제예요. 백제의 1대 왕인 온조왕이 위례성에 도읍을 정한 뒤 중국의 요서, 산동 지역과 일본으로까지 뻗어 나갔어요.

고구려의 전성기(5세기)
고구려의 장수왕이 남쪽으로 뻗어 나가는 정책을 펼쳐 백제에게서 한강 유역을 빼앗았어요. 백제는 웅진으로 도읍을 옮겼지요.

신라의 전성기(6세기)
신라는 진흥왕 때에 한강을 차지했어요. 한강을 차지한 신라는 빠르게 영토를 넓혀 북으로 지금의 함경도 지방까지 올라갔어요.

작전상 후퇴, 고구려의 청야 작전

우리 나라는 예부터 수많은 전쟁을 겪어 왔어요. 그렇다면 전쟁에서 승리하기 위해서는 무엇이 필요할까요? 강력한 무기와 장비가 필요하겠지요? 더불어 적보다 우수한 전술을 써야 할 거예요. 예를 들면 전투 지역을 잘 살펴서 함정에 빠지지 않도록 주의한다든지, 전투가 길어질 것에 대비해 군인들이 먹을 음식과 물을 충분히 마련하는 것 등이지요.

고구려는 전쟁을 할 때 다른 나라들이 사용하지 않은 독창적인 전술을 썼어요. 바로 청야 작전이에요. 청야 작전은 적군과 맞붙어서 이길 수 없을 때, 작전상 후퇴하면서 적군이 사용할 수 있는 모든 물건을 파괴하거나 불태우는 것을 말해요. 적군이 쳐들어왔을 때 그들에게 도움이 될 만한 식량과 물자를 모두 불태우면 적군은 식량과 마실 물을 스스로 마련해야 하는 어려움을 겪지요. 이렇게 해서 적군이 불리한 상황에서 싸우도록 만드는 거예요.

중국의 수나라, 당나라가 고구려에 쳐들어왔을 때에도 고구려는 작은 규모의 전투를 벌여 물러서는 척하며 적을 유인했어요. 그러고는 적군이 사용할 만한 식량이나 물자를 불태우고 식량과 물자가 오는 길목을 막아 적에게 큰 피해를 주는 청야 작전을 폈지요.

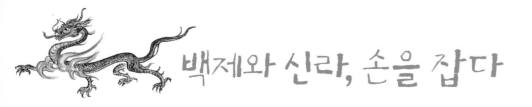

백제와 신라, 손을 잡다

4세기에 중국 지역은 여러 나라로 나뉘어 큰 힘을 발휘할 수 없었어요. 그러다 5세기에 혼란이 수습되어 중국의 동서를 가르지르는 황허 강 북쪽은 북위가, 남쪽은 송이 차지했어요. 이렇게 두 나라가 되자 북위의 힘이 그 전보다 매우 커졌어요. 북쪽으로 영토를 넓혀 가던 고구려는 주춤할 수밖에 없었어요. 장수왕은 방향을 바꿔 남쪽으로 눈을 돌렸어요. 427년에 평양으로 도읍을 옮긴 뒤 본격적으로 **남진 정책**을 펴기 시작했지요. 고구려의 이러한 움직임에 위협을 느낀 백제(비유왕 7)와 신라(눌지왕 17)는 433년에 우호 관계를 맺고 고구려에 맞섰어요. 이것을 '나제동맹'이라고 해요.

백제와 신라가 동맹을 맺은 데에는 각기 다른 이유가 있었어요. 백제는 호시탐탐 한강 유역을 노리는 고구려를 견제하려는 것이었고, 신라는 고구려의 간섭에서 벗어나려는 것이었지요. 특히 백제는 일

남진 정책
고구려가 4세기 말의 소수림왕 때부터 5세기 말 문자왕 때까지 백제와 신라를 상대로 남쪽으로 영토를 넓히고자 한 것을 말해요.

➤➤➤ 홍련봉 2보루

홍련봉 2보루는 1보루에서 150미터 떨어진 홍련봉 북쪽 꼭대기에 있었어요. 이 곳에서는 서쪽과 남쪽 방향으로 한강, 풍납토성, 몽촌토성 일대의 넓은 평야 지대를 한눈에 내려다볼 수 있었어요. 그래서 이 곳은 서쪽과 남쪽에서 한강을 따라 올라오는 적군의 규모를 미리 파악하여 전쟁에 대비하는 역할을 했던 곳으로 보여요.

홍련봉 2보루
지금은 발굴을 중단해 발굴 당시의 흔적만 볼 수 있어요. 성벽은 타원형이며 길이가 190미터에 달했어요. 북서쪽에 출입구가 있고 성벽 밖으로 튀어나오게 쌓은 시설인 치도 발견되었지요.

이 곳은 적군을 막는 방어 시설이 아니라 전쟁에 필요한 여러 가지 물자를 보급하는 병참 기지였을 것으로 보여요. 다른 보루에는 없는 물을 가두는 집수정과 토기 가마터로 보이는 시설이 발견되었기 때문이지요.

본과 중국의 송나라와 친하게 지내고, 북위와도 교류하면서 고구려를 견제하기 위해 갖은 노력을 다 했어요.

그 뒤 백제와 신라는 고구려의 침입으로 관계가 더욱 돈독해졌어요. 455년에는 고구려가 백제로 쳐들어가자 신라가 백제에 구원병을 보냈어요. 475년에는 한강을 노린 장수왕이 3만 군사를 이끌고 백제를 공격하자 신라는 1만의 구원병을 보냈지요. 하지만 이 전투에서 백제는 신라의 도움을 받고도 고구려에 크게 패하고 말았어요. 이를 계기로 백제와 신라의 군사 동맹은 더욱 강해졌지요. 그러던 중 481년(장수왕 69)에는 고구려가 신라를 공격했어요. 여러 차례 신라의 도움을 받았던 백제로서는 가만히 있을 수 없었지요. 백제는 신라의 이웃 나라인 가야와 힘을 합쳐 연합군을 만들어 신라를 도왔어요.

이렇게 백제와 신라의 동맹은 무려 120년 동안이나 계속되었어요.

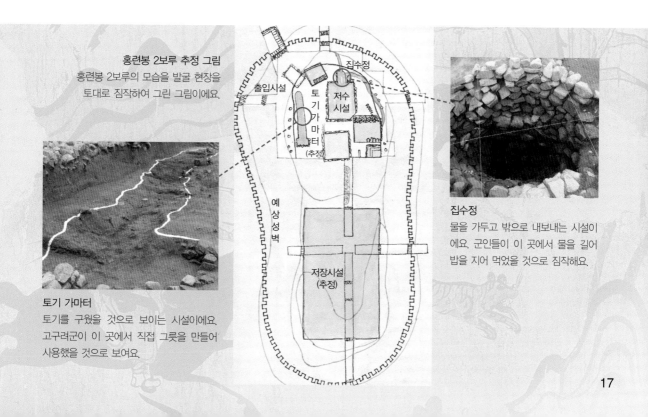

홍련봉 2보루 추정 그림
홍련봉 2보루의 모습을 발굴 현장을 토대로 짐작하여 그린 그림이에요.

집수정
출입시설
토기 가마터 (추정)
저수 시설
예상 성벽
저장시설 (추정)

집수정
물을 가두고 밖으로 내보내는 시설이에요. 군인들이 이 곳에서 물을 길어 밥을 지어 먹었을 것으로 짐작해요.

토기 가마터
토기를 구웠을 것으로 보이는 시설이에요. 고구려군이 이 곳에서 직접 그릇을 만들어 사용했을 것으로 보여요.

군사 동맹뿐 아니라 혼인 동맹으로도 두 나라의 결속을 다졌어요. 493년에 백제의 동성왕이 신라의 왕족인 이벌찬 비지의 딸과 혼인했지요.

백제와 신라, 120년 동안의 우정!
백제와 신라의 동맹 관계는 다음과 같이 변화하며 120년 동안이나 이어졌어요.
1. 공수 동맹(433년) : 백제 비유왕과 신라 눌지왕이 고구려에 대한 공격과 방어를 목적으로 동맹을 맺었어요.
2. 혼인 동맹(493년) : 백제 동성왕과 신라 소지왕이 혼인으로써 동맹 관계를 더욱 굳혔어요.

백제의 동성왕은 신라에 사신을 보내 우호를 다지고 혼인을 맺자고 청했어요. 신라의 소지왕은 이를 흔쾌히 받아들여 이벌찬 비지의 딸을 백제에 보냈지요.

여기서
잠깐!

무엇을 하던 곳일까요?

홍련봉 2보루는 적의 침입을 막는 방어 기지가 아니라 각종 군수 물자를 보급하던 병참 기지였을 것으로 추측해요. 다른 보루에서 발견하지 못한 아래의 시설이 나왔기 때문이에요. 그림에 알맞은 설명을 찾아 연결해 보세요.

토기를 구웠던 시설이에요.

물을 가두어 두는 시설이에요.

☞ 정답은 56쪽에

18

'아차' 실수로 '아차산'이 되다

지금 우리가 돌아보고 있는 아차산에는 이름에 얽힌 재미난 이야기가 있어요. 조선 시대 명종 때 홍계관이라는 점쟁이가 있었어요. 홍계관은 어찌나 점을 잘 보는지 그 소문이 명종의 귀에까지 들어갔어요. 명종은 홍계관을 불러 그의 능력을 시험해 보기로 했어요.

명종은 홍계관 앞에 미리 준비한 상자를 놓고 그 안에 무엇이 들어 있는지 알아맞히라고 명했어요. 알아맞히면 큰 상과 벼슬을 내리겠지만 틀리면 당장 죽일 거라고 했지요. 홍계관은 "상자 안에는 쥐가 들어 있사옵니다."라고 말했어요. 명종은 다시 물었어요. "쥐가 몇 마리 들어 있느냐?" 홍계관은 "두 마리, 아니 세 마리이옵니다."라고 했어요. 그러자 명종은 "네 이놈, 틀렸다. 여봐라, 당장 저 놈의 목을 쳐라." 하고 명령을 내렸어요.

홍계관이 사형장으로 끌려간 뒤, 명종은 '아차!' 하면서 신하에게 상자 안에 암놈이 있었는지를 물어보았어요. 신하가 암놈과 수놈이 각각 한 마리씩 있었다고 하자 명종은 암놈의 배를 갈라 보라고 했어요. 신하가 암놈의 배를 갈랐더니 배 속에 새끼가 들어 있었어요. 명종은 급히 사형장으로 신하를 보냈어요. 그러나 이미 홍계관은 죽은 뒤였지요. 그 뒤로 홍계관의 사형이 집행된 곳을 아차산이라 부르게 되었다고 해요.

고구려와 아차산 이야기 **2**

고구려,
전성기를 누리다

백제가 차지하고 있던 한강 유역을 모두 빼앗으면서 고구려는 한반도에서 남과 북으로 가장 넓은 영토를 가진 나라가 되었어요. 한반도의 중심이면서 중국을 비롯한 동북아시아를 주름잡는 강한 나라가 되었지요.

이번에는 아차산 일대의 보루에서 출토된 유물들을 통해 고구려 사람들의 생활 모습을 살펴보고자 해요.

아차산 보루에서는 그릇과 항아리 등의 토기류, 못·끌·낫과 같은 철기류, 화살촉·창과 같은 무기류가 많이 출토되었어요. 또한 보루의 내부를 그려볼 수 있는 건물 기단, 온돌, 저수 시설 등 많은 발굴 유적을 통해 고구려 사람들의 생활을 엿볼 수 있답니다.

답사 코스 2-1

아차산 생태공원 → 아차산성 → 아차산 1보루 → 아차산 2보루

여기에서는 아차산 생태공원에서 출발해 아차산성과 아차산 1보루, 아차산 2보루를 둘러볼 거예요. 아차산 생태공원이 끝나는 곳에서 아차산성이 시작돼요. 아차산성에서 등산로를 따라 곧장 올라가면 아차산 1보루가 나타나지요. 아차산 2보루는 1보루에서 북동쪽으로 460미터 정도 떨어진 곳인 대성암 뒤쪽에 있어요.

아차산 2보루
아차산 1보루
아차산성
아차산 생태공원

되찾아야 할 우리 문화 유산 ❷ – 오녀산성

주몽이 고구려를 세운 곳으로 알려진 압록강 중류의 졸본에 있는 산성이에요. 졸본은 오늘날 랴오닝 성 환런 현 부근이에요. 오녀산 꼭대기에서 200미터쯤 아래쪽에 돌을 쌓았는데 지금은 성벽이 6미터에서 8미터 정도 남아 있어요.

삼실총 전투 벽화
중국 지린 성 지안 현에 있는 고구려 무덤인 삼실총의 벽에 그려진 그림이에요. 고구려 군사의 용맹함을 엿볼 수 있지요.

장수왕, 한강을 차지하다

신라와 백제가 동맹을 맺어 고구려에 맞섰지만 장수왕은 아랑곳하지 않았어요. 오히려 두 나라를 더욱 강하게 압박했지요. 고구려는 먼저 백제를 노렸어요. 백제가 차지하고 있는 한강 유역을 빼앗으려는 것이었지요. 장수왕은 치밀한 계획을 세웠어요. 백제에 첩자를 보냈지요. 바로 승려 도림이었어요. 도림은 백제의 개로왕에게 접근하여 신뢰를 얻었어요. 그리고는 이런저런 이유로 돈을 쓰게 해서 나라의 재산을 바닥나게 했지요. 백성들에게는 힘든 노역을 시켜 원망을 사도록 만들었어요.

백제가 어려운 상황에 처하자, 장수왕은 475년에 3만 대군을 이끌고 백제의 한성으로 쳐들어갔어요. 백제의 왕자 문주가 신라에 구원병을 요청하러 갔지만 때는 이미 늦었어요. 장수왕은 7일 만에 백제의 수도 한성을 함락시켰고 백제의 개로왕은 달아나다가 아차산성

장수왕
고구려 20대(413~491년) 왕으로 광개토 대왕의 맏아들이에요. 국내성에서 평양으로 도읍을 옮기고 적극적인 남하 정책을 펼쳐 드넓은 영토를 차지했지요. 장수왕이 다스리던 시기는 고구려의 전성기였어요.

노역
몹시 힘들고 괴로운 노동을 말해요.

아차산성

아차산성의 성벽 바깥으로 철책이 보이지요. 이 철책은 아차산성 발굴이 중단되면서 산성이 훼손되는 것을 막기 위해 쳐 놓은 것이랍니다. 하지만 철책 안쪽으로 성벽의 모습이 뚜렷하게 보여요. 참, 아차산성은 삼국 시대에 백제가 쌓은 성이에요. 서로 뺏고 빼앗기며 백제, 고구려, 신라가 차례로 점령했던 곳이기도 하지요.

아차산성 바깥쪽 성벽(위쪽)과 안쪽 성벽(아래쪽)의 모습
아차산성의 전체 길이는 1,125미터이고, 성벽의 높이는 10미터 정도예요. 성벽은 화강암으로 쌓아올렸어요. 성곽은 경사진 곳을 평평하게 다듬어서 산의 능선을 따라가며 쌓았지요. 지금은 성벽의 윗부분이 대부분 무너졌어요. 성벽의 아랫부분은 폭 9~10미터, 윗부분은 폭 2미터 정도로 매우 큰 규모예요. 성벽은 안팎 모두 아래쪽에는 약간 큰 돌을 놓고 위쪽에는 그보다 작은 돌을 다듬어 '品(신하 신)' 자 모양으로 엇갈리게 쌓았어요.

아래에서 죽임을 당했어요. 백제의 왕자 문주는 한성을 버리고 남쪽으로 내려가 지금의 충청남도 공주인 웅진으로 도읍을 옮겼지요.

이제 한강은 고구려의 차지가 되었어요. 고구려는 북쪽으로 영토를 넓히는 것도 멈추지 않았어요. 494년에는 부여까지 정복했답니다.

스님이 고구려의 첩자라고?

백제로 간 고구려의 승려 도림은 고구려에서 죄를 짓고 도망온 것처럼 속였어요. 그러고는 평소 바둑에 관심이 많던 개로왕에게 바둑으로 접근해 마음을 사로잡았지요. 도림은 대궐과 성곽을 수리하여 왕의 위엄을 보이라고 개로왕을 부추겼어요. 개로왕은 그 말에 솔깃하여 백성들을 강제로 동원해 호화로운 궁궐을 만들었어요. 이 때문에 백제의 살림은 바닥나고 백성들의 생활은 어려워졌어요. 그 뒤 도림은 몰래 백제를 빠져나와 장수왕에게 이 사실을 알려 백제를 공격하도록 도왔지요.

장수왕은 남쪽으로는 한강 유역, 북쪽으로는 만주까지 영토를 넓혀 삼국 가운데 가장 넓은 땅을 차지했어요. 고구려는 이 때부터 100여 년 동안 큰 전쟁 없이 평화를 누렸지요.

여기서 잠깐!

아차산성은 어떤 방법으로 쌓았을까요?

오른쪽 사진은 아차산성 성벽의 모습이에요. 다음 중 아차산성을 쌓은 방법으로 옳은 것을 골라 기호를 써 보세요. (   )

① 'O' 자 모양으로 둥그렇게 쌓았다.
② 'ㄱ' 자 모양으로 직각으로 쌓았다.
③ 'ㄴ' 자 모양으로 직각으로 쌓았다.
④ '臣(신)' 자 모양으로 엇갈리게 쌓았다.
⑤ 'ㅁ' 자 모양으로 차곡차곡 쌓았다.

정답은 56쪽에

고구려, 아차산에 보루를 세우다

한강을 사이에 두고 백제의 풍납토성, 몽촌토성과 마주하고 있어요.

진지
언제든지 적과 싸울 수 있도록 장비를 갖추어 부대를 배치한 곳이에요.

장수왕이 백제로부터 한강을 빼앗은 뒤 아차산은 고구려의 남쪽 국경이 되었어요. 고구려는 국경을 지키기 위해 아차산에 보루를 세웠지요. 그리고 이 곳에 군인들을 머물게 했어요. 산성보다 작은 진지인 보루에는 그 크기에 따라 적게는 10명에서 많게는 100명 정도 되는 군인들이 머물렀어요.

당시 고구려에서는 어른 남자라면 누구나 3년 동안 군사에 동원되었어요. 이 곳에 머물렀던 군인들도 15세가 넘는 남자들로, 고향에서 농사를 짓다가 이 곳에 배치되었지요.

그렇다면 고구려는 왜 아차산에 보루를 세웠을까요? 그것은 아차산이 군사적으로 매우 중요한 곳이었기 때문이에요. 해발 285미터

➡➡➡ 아차산성의 유적과 유물

아차산성 안에서는 건물터로 짐작되는 곳을 7곳이나 발견했어요. 건물터는 기단만 남아 있는데, 기단의 크기로 보아 매우 큰 건물이었을 것으로 보여요. 건물터 안에서는 온돌과 배수로가 발견되었어요. 건물터 주변에서는 많은 토기와 기와 조각도 나왔지요.

성 안 건물이 있던 자리예요.

남문이 있던 곳 근처에서 발견된 집수정이에요.

기와 조각

아차산성 안의 건물터에서는 많은 토기와 기와 조각들이 발견되었어요.

의 낮은 산이지만 꼭대기에 올라서면 한강을 둘러싸고 있는 모든 산세와 시가지를 한눈에 내려다볼 수 있었어요. 특히, 고구려가 이 곳을 차지했을 때는 한강을 사이에 두고 건너편에 있는 백제의 몽촌토성과 풍납토성을 마주하게 되어 경계를 더욱 강화해야만 했지요.

아차산의 보루를 보면 각 보루 사이의 거리가 가까운 것을 알 수 있어요. 대략 400~500여 미터 간격으로 늘어서 있지요. 보루를 이렇게 세운 것은 한 보루가 공격당했을 때 다른 보루에서 적을 쉽게 공격하기 위해서랍니다.

4세기 중엽 보루를 세울 당시에는 아차산을 남쪽으로 뻗어 나가기 위한 전진 기지로 사용했어요. 그러다가 신라와 백제의 동맹 관계가 더욱 돈독해지고, 점점 고구려를 위협해 오던 때에는 두 나라의 공격을 막기 위한 시설로 썼지요.

아차산에 봉수대도 있었다고?

봉수대는 외적이 침입하거나 난리가 났을 때 위급한 소식을 알리는 통신 수단이에요. 그래서 사방으로 관찰하기 쉬운 산 꼭대기에 설치했지요. 봉수대에서는 밤에는 횃불로, 낮에는 연기로 위급함을 알렸어요. 하지만 비가 오거나 안개 또는 구름이 끼었을 때는 군인이 직접 달려가서 소식을 전했지요. 오늘날 아차산 봉수대의 흔적은 남아 있지 않지만, 함경도와 강원도의 봉화를 받아 남산 1봉수대로 전달했던 곳이었어요.

망대
아차산성 안에 있는 망대에 올라서면 한강 너머로 풍납토성과 몽촌토성이 한눈에 들어와요. 조선 시대에는 남산으로 연결되는 봉수대가 있었던 곳인만큼 군사적으로 매우 중요했지요.

여기서 잠깐!

아차산에 보루가 옹기종기 모여 있는 이유는 무엇일까요?

아차산에 있는 보루들은 400~500미터의 간격을 두고 옹기종기 모여 있어요. 이렇게 보루 사이의 간격이 가까운 이유는 무엇인지 써 보세요.

_____

_____

☞정답은 56쪽에

아차산성에 고구려 유물 있다? 없다!

아차산성은 원래 백제가 말갈족과 고구려의 침입을 막기 위해 쌓은 성이에요. 이 곳은 한강 건너에 있는 풍납토성, 몽촌토성과 함께 백제의 도성을 지키는 매우 중요한 군사 요충지였어요. 성을 쌓을 때 서북쪽과 동북쪽은 높게 쌓고, 남쪽은 낮게 하여 북쪽을 방어하는 모양을 하고 있답니다.

그러나 고구려가 백제에게서 한강 유역을 빼앗고 아차산성을 차지한 뒤에는 오히려 백제를 위협하는 성이 되었어요. 고구려가 이 곳에서 한강 건너의 풍납토성과 몽촌토성을 한눈에 내려다보면서 백제를 견제했기 때문이지요.

고구려 광개토 대왕비의 비문에는 "왕은 직접 수군을 이끌고 백제를 쳐서 58성과 700촌을 공파*하고, 영원히 노객*이 되겠다는 아신왕의 항복을 받아 낸 뒤 왕

아차산성에서 출토된 신라의 유물들

토제인물상
흙으로 만든 인물상이에요.

철제보습
쇠로 만든 보습으로 땅을 갈아 흙덩이를 일으키는 데 쓰는 농기구예요.

철제삼족정
쇠로 만든 세 발 달린 솥이에요.

연화문와당
연꽃 무늬 기와예요.

*공파 : 공격하여 쳐부순다는 뜻이에요.
*노객 : 고구려 때에 신하가 임금에게 자신을 낮추어 이르던 말이에요. 광개토 대왕 때는 백제나 신라의 왕이
　　　복종한다는 뜻으로 쓰기도 했지요.

의 아우와 대신 10명을 비
롯하여 포로 1,000명을 얻어
돌아왔다."라는 문구가 적혀 있어요. 이를 통
해 396년에 고구려가 백제로부터 빼앗은 58성 중에 아차산
성이 있었음을 짐작할 수 있지요.

 아차산성 안으로 들어가면 동쪽, 서쪽 그리고 남쪽에 문이 있었고 물길이 지나
던 흔적이 남아 있어요. 또한 건물터에서는 토기, 기와 등 여러 가지 유물이 나왔
지요. 특히 기와 조각 가운데 북(北), 한(漢), 산(山)이라는 글자가 새겨진 것들이
있었는데, 이로써 아차산을 신라의 북한산성으로 보는 학자들도 있어요.

 그런데 고구려의 유물은 아직 한 점도 발견되지 않았어요. 그것은 고구려가 이 곳
에 머무르지 않고 백제를 감시할 때에만 잠깐씩 사용했기 때문일 것으로 추측해요.

여기서 잠깐!

알쏭달쏭 ! ○, × 퀴즈 하나 !

다음은 아차산성에 대한 설명이에요. 맞는 것에는 ○, 틀린 것에는 ×표
를 하세요.

① 백제가 쌓은 성이다. ( )
② 고구려, 신라, 백제의 유물이 골고루 출토되었다. ( )
③ 신라의 북한산성으로 보는 견해도 있다. ( )
④ 백제는 아차산성을 신라에 대한 방어 기지로 사용했다. ( )
⑤ 동서남북의 성벽이 잘 남아 있다. ( )

정답은 56쪽에

아차산에 남은 고구려의 발자취

각저총 온돌 벽화
두 여인이 앉아 있는 자리에 온돌이 있어요. 방 전체에 온돌을
놓은 것이 아니라 일부분에만 놓은 모습이에요. 이것을 쪽구들이라고 해요.
이러한 온돌은 고구려의 보루에서도 여러 개가 발견되었어요.

40쪽에서
찾아보세요.

보루는 국경 지역을 지키기 위해 만
든 군사 시설로 군인들이 생활했던 곳
이기도 해요. 이 곳에서 군인들이 밥을
지어 먹고, 잠을 자며 살았지요. 그래
서 당시의 생활 모습을 짐작할 수 있는
흔적들이 여기저기에 남아 있어요.

먼저 군인들이 머물렀던 막사에는
온돌이 있었어요. 온돌은 밥을 지어 먹고, 방을 따뜻하게 하는 시설
이지요. 구의동 보루에서 하나, 아차산 4보루에서 열두 개의 온돌을
발견했어요. 아차산 4보루에서 이렇게 많은 온돌이 발견된 것은 당
시 보루 가운데 가장 많은 군인들이 머물렀기 때문이에요. 100여 명
정도로 짐작되지요.

>>> 아차산 1보루

아차산 1보루는 앞서 다녀온 홍련봉
2보루에서 600미터 정도 떨어진 곳
이에요. 처음 발견 당시에는 토기 조
각들이 더러 보였고, 보루 동쪽과 남
쪽에서 성벽이 확인되었지요. 흙으
로 다진 언덕 같지만 돌로 쌓은 석성
이랍니다. 유적의 존재가 알려지지
않았던 시기에, 남쪽의 성벽을 일부
파괴하고 보루 정상으로 등산로가
만들어졌어요. 하지만 지금은 보루
의 바깥쪽을 지나도록 길을 새로 만
들었어요.

아차산 1보루 전경

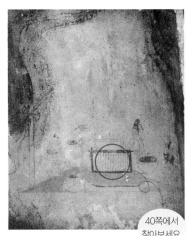

40쪽에서 찾아보세요.

안악 3호분 우물 벽화
고구려 사람들이 우물을 파서 물을 길었음을 알 수 있는 그림이에요. 보루에서도 물을 저장하는 저수 시설이 발견되었어요.

사람이 사는 데 꼭 필요한 것 중 하나가 물이에요. 보루에도 물을 보관할 수 있는 저수 시설이 있었어요. 아차산 4보루에서 발견된 저수 시설을 보면 바닥과 벽에 진흙을 발라 물이 새지 않도록 처리해 놓았답니다.

병사들이 사용했던 화살과 칼, 도끼 등의 무기도 여러 보루에서 발견되었는데, 보루에는 이

홍련봉 1보루에서 발굴한 무기류

러한 무기와 공구를 고치는 대장간도 있었던 것으로 보여요. 당시 고구려 군대에는 무기를 다듬는 대장장이도 포함되어 있었기 때문이지요. 이들이 대장간에서 군인들의 무기를 고쳐 주었음을 짐작할 수 있어요.

여기서
잠깐!

알쏭달쏭! O, X 퀴즈 둘!
다음은 고구려 보루에 대한 설명이에요. 맞는 것에는 ○표, 틀린 것에는 ×표 하세요.

① 아차산 4보루에서 열두 개의 온돌이 발견된 것으로 보아 100여 명 정도의 군인들이 머물렀음을 알 수 있다. (   )
② 보루에는 물을 저장해 두는 시설이 없어 가까운 계곡에서 물을 길어 왔다. (   )
③ 보루에서는 고구려 군인들이 사용했던 화살과 칼, 도끼 등의 무기가 발견되었다. (   )

정답은 56쪽에

그러면 고구려 사람들은 무엇을 먹고 살았을까요?

고구려는 산이 많은 지역적 특성에 따라 쌀보다는 조와 콩, 보리, 밀, 기장, 수수 등의 잡곡을 주로 먹었지요. 기름진 평야에서는 쌀이 생산되기도 했지만 쌀밥은 주로 귀족들이 먹었어요.

아차산에서 국경을 지키던 군인들도 콩, 조, 보리 등으로 밥을 지어 먹었어요. 하지만 지위가 높은 사람들은 쌀밥을 먹었던 것으로 보여요. 아차산의 보루에서 디딜방아, 절구가 발견된 것을 보면 알 수 있지요.

그러면 이런 음식물들은 어디에 보관하고 저장했을까요? 바로 토기예요. 아차산 보루에서는 여러 가지 토기가 발견되었답니다. 이 그릇들은 음식을 저장하거나 군인들에게 식사를 나누어 주거나 물을 담는 데 사용한 듯해요. 이것으로 미루어 보아 고구려의 일반 가정에서도 토기를 많이 사용했을 것으로 보여요.

안악 3호분 방앗간 벽화
여자들이 방앗간에서
디딜방아로 곡식을 찧는 모습이에요.

38쪽에서 찾아보세요.

➤➤➤ 아차산 2보루

아차산 1보루에서 북동쪽으로 460미터 정도 가면 아차산 2보루가 나와요. 아차산 2보루에서는 미사리, 암사동 등 한강 일대를 한눈에 내려다볼 수 있었어요. 2보루의 아래쪽에는 암벽이 있어서 적을 방어하기에 매우 유리한 위치였지요.

아차산 2보루 돌무더기

아차산 2보루는 작은 봉우리의 꼭대기 바깥쪽을 돌로 쌓고 안쪽은 흙으로 쌓았어요. 아차산 2보루 돌무더기 윗부분에는 나중에 올린 돌무더기가 쌓여 있지요. 또한 돌로 쌓은 곳의 안쪽에는 적갈색의 흙 부분이 드러나 있는데, 그 주변에서 고구려 토기가 더러 발견되었어요.

발굴한 유물 가운데에는 커다란 시루도 있었어요. 시루는 음식물을 쪄서 익히는 그릇으로 바닥에 구멍이 뚫려 있고 띠고리가 달려 있지요. 당시 고구려 사람들의 주식이었던 조와 보리, 밀 등은 낟알이 단단하여 쉽게 익지 않았어요. 그래서 가루를 내어 시루  44쪽에서 찾아보세요. 에 주로 쪄 먹었던 것으로 보여요.

안악 3호분의 벽화에 나타난 부엌 그림을 보면 창고에 곡식을 보관하고 방앗간의 디딜방아로 곡식을 찧은 다음 우물에서 깨끗하게 씻어 시루에 담아 조리했다는 것을 상상해 볼 수 있어요.

안악 3호분 부엌 벽화
여자들이 부엌에서 시루 모양의 큰 동이를 아궁이에 얹어 조리하는 모습이에요.

벽화를 보면 생활이 보인다고?

고구려 사람들이 남긴 무덤 안의 벽에는 당시 고구려 사람들의 생활 모습을 엿볼 수 있는 그림들이 그려져 있어요.

각저총의 온돌 벽화는 고구려 사람들이 온돌을 사용했음을 알려 주지요. 안악 3호분의 우물이나 부엌을 그린 벽화를 보면 고구려 사람들이 우물에서 물을 긷고, 시루에 음식을 쪄서 먹었음을 짐작할 수 있어요.

고구려 사람들이 이렇게 생활 모습을 많이 그린 이유는 무엇일까요? 고구려 사람들은 무덤 벽에 그림을 남겨 놓으면 죽은 사람이 다른 세상으로 가서 삶을 이어간다고 믿었어요. 그래서 무덤 벽에 그림을 남기고 무덤 안도 집처럼 꾸몄지요.

여기서 잠깐!

무엇에 사용하던 것일까요?

고구려 보루에서 발굴한 유물로 곡식을 찧는 데 썼던 도구예요. 보기에서 골라 써 보세요.

보기	시루 우물 절구 디딜방아

(   )

정답은 56쪽에

고구려 보루를 상상해 보아요!

아차산 4보루에 가면 발굴 현장을 토대로 당시 보루의 모습을 그림
으로 복원한 안내판을 볼 수 있어요. 자 그
럼, 고구려군이 머물렀던 보루의 구조는
어땠는지, 고구려군은 어떻게 생
활했는지 살펴보아요.

병사들에게 지급했던
화살, 칼, 도끼 등의 무
기를 보관한 곳이에요.

아~ 고향에
가고 싶어라.

졸지 말고
잘 지켜라!

나도
지키 눈데……

고구려는
내가 지킨다.

어머님은
건강하신지
모르겠어.

우리 어머님도
몸이 안 좋으신
데……

초기 조사 때는 보루로 들어
가는 출입구 계단으로 결론
내렸으나, 2007년 9월 조사
결과 이중 구조의 치로 밝혀
졌어요.

지휘관들이 전략을 짜던
막사예요.

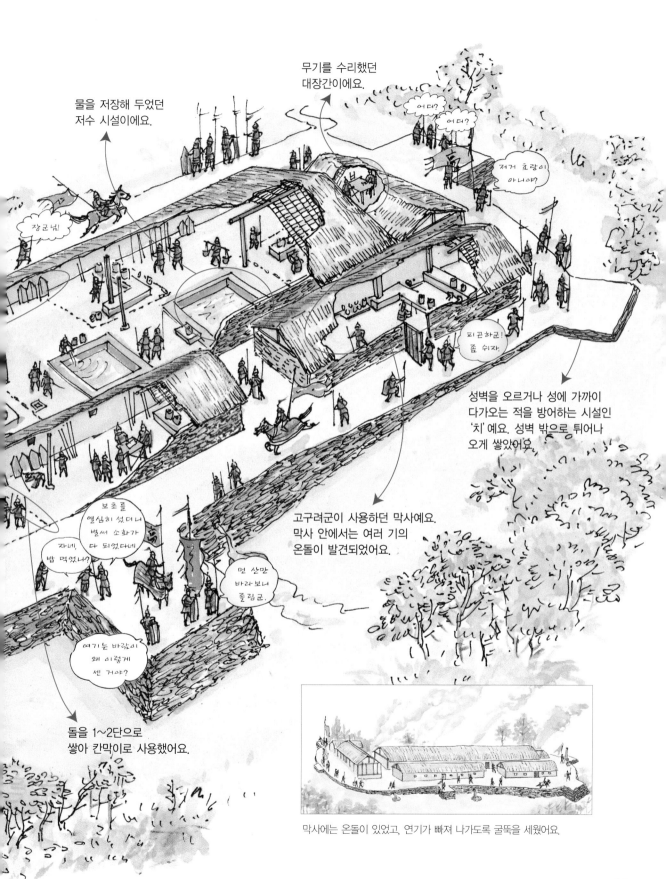

물을 저장해 두었던
저수 시설이에요.

무기를 수리했던
대장간이에요.

성벽을 오르거나 성에 가까이
다가오는 적을 방어하는 시설인
'치'예요. 성벽 밖으로 튀어나
오게 쌓았어요.

고구려군이 사용하던 막사예요.
막사 안에서는 여러 기의
온돌이 발견되었어요.

돌을 1~2단으로
쌓아 칸막이로 사용했어요.

막사에는 온돌이 있었고, 연기가 빠져 나가도록 굴뚝을 세웠어요.

아하, 그렇구나! 고구려 유적에 담긴 뜻

아차산에서는 고구려의 유적이 많이 발견되었어요. 그러면 이 유적이 어떤 의미를 가지는지 살펴보아요.

첫째, 아차산에 있는 유적은 우리 나라에서 발견된 최대의 고구려 유적이에요. 중국의 만주와 북한 일대에 터를 잡았던 고구려의 유적이 한반도의 남쪽인 이 곳 아차산에서 발견됨에 따라 고구려가 우리 민족이었음을 증명하고 있지요.

이 사실은 오늘날 우리 역사에서 매우 중요한 의미를 가져요. 중국이 고구려의 역사를 자기네 것이라며 터무니없는 억지 주장을 펴고 있기 때문이에요. 중국은 고구려가 힘이 강할 때 차지했던 북쪽 지역이 중국의 땅이므로 고구려가 중국 민족이고, 고구려의 역사 또한 중국의 역사라고 주장하고 있어요. 그런데 우리 나라의 역사가 분명한 서울에서, 그것도 서울의 중심인 한강 일대 아차산에서 많은

고구려 유적을 발견함에 따라 이 같은 중국의 억지 주장을 물리칠 수 있는 근거를 마련했지요.

둘째, 아차산에서 발굴한 유적과 유물을 통해 고구려 사람들이 어떻게 살았는지 그려볼 수 있어요. 아차산에서 발굴한 보루들은 고구려 병사들이 머물렀던 곳이에요. 병사들이 생활한 흔적을 통해 고구려의 일반 사람들이 어떻게 생활했는지 짐작해 볼 수 있지요.

셋째, 고구려 군대의 구조와 형태를 짐작해 볼 수 있어요. 아차산 일대 고구려 유적지 가운데 하나인 구의동 유적지에서는 8개의 창과 4개의 도끼, 그리고 3,000여 개의 화살촉을 발견했어요. 이를 통해 창을 다루었던 창수 8명, 도끼를 사용한 부월수 4명 등 12명 정도의 병사가 머물렀음을 알 수 있지요. 이 규모는 오늘날 군대의 분대에 해당해요. 분대는 부대를 이루는 가장 작은 단위랍니다.

한편, 고구려의 유적과 유물이 가장 많이 나온 아차산 4보루에서는 구의동 유적에서 나온 것과 비슷한 크기의 방이 8개 발견되었어요. 이로써 구의동 유적의 8배 정도인 100여 명의 병사가 머물렀음을 짐작할 수 있지요. 뿐만 아니라 말을 탈 때 사용하는 안장과 발걸이로 썼던 등자, 재갈, 투구로 보이는 유물을 발굴함에 따라 보병뿐 아니라 말을 탄 기병도 있었음을 알 수 있어요.

고구려가 중국의 역사라고?

최근에 중국은 동북공정을 추진하고 있어요. 동북공정이란 중국의 동북쪽 국경 안에서 이루어진 모든 역사를 중국의 역사로 만들려는 거예요. 고구려를 중국의 역사라고 주장하는 것도 동북공정에 따른 것이지요.

그러면 중국이 동북공정을 추진하는 이유는 무엇일까요? 바로 고구려, 발해 등 우리 나라의 역사를 중국의 역사로 만들어 우리 나라가 통일된 뒤 중국과 벌이게 될지도 모르는 영토 분쟁을 미리 막으려는 속셈이에요. 또한, 중국의 영토 안에서 이루어진 역사를 모두 중국의 역사로 만들어 소수 민족을 쉽게 중국 안으로 흡수하려는 것이지요.

이러한 동북공정에 맞서 우리의 역사를 지키려면 우리 스스로 고구려의 역사에 대해 정확하게 알아야 해요. 그리고 나라의 적극적인 지원을 통해 고구려의 역사를 체계적으로 연구해 나가는 것이 무엇보다 중요하지요.

고구려, 쇠퇴의 길을 가다

고구려의 끝나지 않을 것 같던 전성기도 어느덧 내리막길로 접어들기 시작했어요. 장수왕의 손자인 문자명왕 때까지는 그래도 북쪽과 남쪽으로 가장 넓은 영토를 차지하고 있었지만 519년 문자명왕이 죽은 뒤에 왕의 자리를 놓고 다툼이 일어나면서 고구려는 혼란을 겪게 되었지요. 또한 중국의 수나라와 그 뒤를 이어 등장한 당나라가 고구려를 침략하는 등 고구려를 둘러싼 안팎의 분위기가 좋지 않았어요. 그런 가운데 연개소문이 대단한 지도력을 발휘하여 고구려를 지켜 냈어요. 하지만 그 또한 쇠퇴의 길로 들어선 나라의 운명을 되돌리기에는 부족했어요.

여기에서는 고구려를 둘러싼 주변 상황이 어땠는지, 고구려가 왜 쇠퇴의 길로 접어들었는지에 대해 살펴보아요.

답사 코스 2-2

아차산 3보루 → 아차산 4보루

이번에 둘러볼 곳은 두 번째 코스 중 아차산 3보루와 4보루예요. 아차산 3보루는 아차산 능선에 있는 4개의 보루 가운데 중간 지점에 있어요. 1보루에서는 460미터, 4보루에서는 440미터 정도 떨어져 있지요. 아차산 4보루는 남북으로 뻗은 아차산 능선의 가장 북쪽에 있어요.

아차산 4보루

아차산 3보루

되찾아야 할 우리 문화 유산 ❸ – 통거우 고분군
중국 지린 성 지안 현의 환도산성 아래에 있는 고구려의 무덤들이에요. 1만 2천여 기가 있으며 대부분 고구려 귀족들의 무덤으로 짐작해요.

온달 장군과 평강 공주 동상
한강을 되찾기 위해 용감하게 전쟁 터로 나갔다가 뜻을 이루지 못하고 전사한 온달 장군과 그의 부인 평강 공주를 기리기 위해 세운 동상 이에요. 아차산 생태공원 입구에 있 지요.

백제와 신라에 한강을 내주다

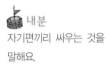
내분
자기편끼리 싸우는 것을
말해요.

광개토 대왕과 장수왕을 거치면서 승승장구하던 고구려에도 조금씩 먹구름이 끼기 시작했어요. 545년 안원왕 때에 누가 왕이 될 것인지를 두고 고구려 궁궐에서 내분이 일어난 것이지요. 귀족들은 각자 자기의 주장만 앞세우다가 결국 2천 명이나 죽는 끔찍한 일이 일어났어요.

이 무렵, 백제와 신라는 안정적으로 발전해 가고 있었어요. 백제는 웅진으로 도읍을 옮긴 뒤, 무령왕 때부터 빠른 속도로 안정을 찾아갔어요. 고구려와 백제의 힘에 눌려 지내던 신라도 법과 제도를 만드는 등 나라의 기틀을 다지면서 차근차근 힘을 기르고 있었어요.

백제와 신라는 고구려의 내분으로 찾아온 기회를 놓치지 않았어요. 결국 551년에 신라의 진흥왕은 백제의 성왕과 손을 잡고 고구려를 공격했지요. 고구려는 두 나라의 공격을 막아 내지 못하고 한강

➡➡➡ 아차산 3보루 (발굴 당시)

아차산 3보루에서는 성벽, 출입 시설, 건물터, 방아확과 볼씨, 저장 시설, 배수 시설, 건물 기단을 발굴했어요. 토기 등의 유물도 나왔지요. 이 사진들은 발굴 당시 현장 사진이에요.

아차산 3보루 발굴 현장

볼씨
방아확

출입 시설
보루 안으로 들어갈 수 있도록 만든 출입 시설이에요. 그 형태가 뚜렷해서 고구려 보루의 구조를 이해하는 데 매우 중요한 유적이지요.

방아확과 볼씨
방앗간에서 사용한 방아확과 볼씨예요. 고구려 안악 3호분 벽화에 나타난 디딜방아와 비슷한 모양이지요. 방아확은 돌절구 모양으로 우묵하게 판 돌이에요. 볼씨는 방아를 거는 나무 막대기를 받친 돌이지요.

하류 지역은 백제에게, 한강 상류 지역은 신라에게 내줄 수밖에 없었어요.

그런데도 고구려에서는 귀족들의 싸움이 끊이지 않았어요. 뿐만 아니라 북방의 유목민인 돌궐이 고구려를 괴롭히고 있었지요. 그러자 한강 유역을 빼앗아 백제와 사이좋게 나눠 가진 신라가 슬슬 딴마음을 먹기 시작했어요. 고구려의 혼란을 틈타 백제와 나눠 가진 한강을 독차지하려는 속셈이었지요. 마침내 신라는 고구려와 비밀 협약을 맺었어요. 신라가 더 이상 고구려를 공격하지 않을 테니 한강 유역을 모두 신라에게 내준다는 약속을 받아 낸 거예요. 553년 마침내 신라는 백제를 공격했어요. 그러고는 백제로부터 한강 하류 지역을 빼앗았어요. 어제의 동지가 오늘의 적이 된 것이지요.

돌궐
6세기 중엽에 중국과 몽골 지역의 알타이 산맥에서 일어난 유목 민족이에요. 몽골 고원에서 중앙아시아에 걸친 지역을 다스렸지요.

협약
서로 협의하여 약속하는 것을 말해요.

고구려는 신라와 비밀 협약을 맺어 신라에게 한강 유역을 내주었어요. 이로써 120년 동안 이어진 백제와 신라의 동맹이 깨졌어요.

여기서
잠깐!

어디에 해당하는 것일까요?

아차산 3보루에서 발굴한 방아확과 볼씨는 고구려의 고분 벽화에 보이는 디딜방아가 실제로 발견되었다는 점에서 그 의미가 매우 커요. 오른쪽 그림에서 방아확과 볼씨가 각각 어디에 해당하는지 기호를 적어 보세요.

방아확 – (   ), 볼씨 – (   )

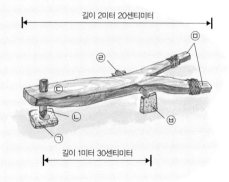

길이 2미터 20센티미터

길이 1미터 30센티미터

☞정답은 56쪽에

39

온달장군, 아차산에서 전사하다

온달의 주먹바위와 평강의 통곡바위

아차산에는 온달에 관해 전해 내려오는 전설이 있어요. 온달이 신라와의 전투에서 죽은 뒤 병사들이 온달의 시신이 든 관을 옮기려고 했어요. 그런데 관이 꼼짝도 하지 않았어요. 온달을 기다리던 평강 공주는 그 소식을 듣고 아차산으로 달려가 관 앞에서 "죽고 사는 일이 정해졌으니 이제 돌아갑시다."라고 말했어요. 그러자 놀랍게도 관이 땅에서 떨어졌다고 해요.

이런 이야기도 있어요. 전쟁에서 지면 돌아가지 않겠다던 온달의 의지는 주먹바위가 되고, 남편의 주검 앞에서 통곡했던 평강 공주의 사랑은 통곡바위가 되었다는 거예요. 대성암 아래쪽으로 내려가다 보면 두 바위를 볼 수 있어요.

평강 공주의 통곡바위

온달 장군의 주먹바위

고구려는 한강을 신라에게 빼앗긴 뒤에 되찾아 올 기회만 엿보고 있었어요. 평원왕에 이어 영양왕이 590년에 왕의 자리에 오르자, 빼앗긴 한강 유역을 되찾아 오겠다고 나선 사람이 있었어요. 바로 온달 장군이었지요.

온달은 고구려 평원왕의 사위로 여러 전쟁터에서 공을 세워 장군이 되었어요. 하지만 장군이 되기 전에 온달은 생김새가 하도 우스꽝스러워서 바보라는 소리를 들었어요. 이런 바보 온달이 왕의 사위가 된 것은 평원왕이 했던 농담 때문이었어요. 평원왕에게는 평강이라는 딸이 있었는데, 평강이 너무 잘 울어서 "자꾸 울면 바보 온달에게

▶▶▶ 아차산 4보루

아차산 4보루의 봉우리는 남북으로 길며, 말안장처럼 가운데가 약간 움푹하고 양쪽 끝은 솟아오른 모양이에요. 아차산 4보루는 우리 나라에서 가장 많은 고구려 유물을 발굴한 곳이지요.

아차산 4보루 발굴 모습

저수 시설

온돌

시집보내겠다."며 놀리곤 했어요. 그런데 평강 공주는 그 말을 곧이 곧대로 믿어서 온달과 결혼하겠다며 고집을 피웠어요. 그러다가 결국 궁에서 쫓겨났지요. 쫓겨 나온 평강 공주는 그 길로 온달을 찾아 갔어요. 온달은 평강 공주를 아내로 맞아들이고 평강 공주의 도움으로 공부와 무술을 익혔어요.

그러던 어느 해, 온달은 고구려에서 열린 사냥 대회에 참가해 뛰어난 사냥 솜씨를 발휘했어요. 얼마 뒤, 후주(後周)라는 나라가 고구려 땅인 요동에 쳐들어오자 온달은 앞장서서 싸웠어요. 평원왕은 그 공을 인정하여 온달을 사위로 받아들이고, '대형'이라는 높은 벼슬을 내렸지요.

온달 장군은 한강 유역을 되찾겠다며 굳게 다짐하고 전쟁터로 나갔어요. 그러나 신라군과 아단성(아차산성) 아래에서 싸우다 죽고 말았지요.

후주
557년에서 581년까지 중국에 있었던 나라예요. 기원 전 11세기에 있었던 주나라를 본받아 나라 이름을 '주'로 했지요. 북쪽에 있는 주나라라고 하여 북주(北周)라고도 해요. 581년에 수나라에 의해 멸망했어요.

아차산에는 온달 장군과 평강 공주의 사랑 이야기가 전설로 전해 내려오고 있어요.

➡➡ 아차산 4보루에서 발굴한 유물

고구려 사람들은 다양한 형태의 토기를 만들어 썼어요. 이 곳에서는 저장 용기, 운반 용기, 조리 용기, 배식 용기 등의 다양한 토기류와 무기, 말을 탈 때 쓰는 기구, 농기구 등 철기류 유물이 500여 점 출토되었어요.

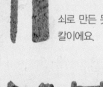
쇠로 만든 못과 칼이에요.

글자를 새긴 토기
왼쪽부터 '支都兄(지도형)', '後部都(후부도)', '冉牟及(염모급)' 등의 글자가 새겨져 있어요. 토기를 가진 사람의 신분이나 출신 지역, 이름 등을 새긴 것으로 보여요.

물을 담아 사용했을 것으로 보이는 큰 항아리예요.

쇠로 만든 허리띠의 고리 부분이에요.

44~45쪽으로 이어져요.

산성의 나라, 고구려

고구려는 산성의 나라예요. 고구려라는 이름도 성이나 고을을 뜻하는 '구려(句麗)'에서 온 것이고, 여기에 '높을 고(高)'를 붙여 고구려가 된 것이지요. 이처럼 이름에서부터 '성의 나라'라는 의미가 잘 나타나 있어요.

고구려는 북방의 산악 지대에 있던 여러 민족들과 전쟁을 치르면서 발전했어요. 산성은 이러한 싸움에서 유리한 위치를 차지하는 데 꼭 필요했지요. 덕분에 성을 쌓는 기술은 어느 나라에도 뒤지지 않을 정도로 발달했어요.

물론 성에서 싸우는 전술도 매우 뛰어났지요. 중국에서도 '고구려는 산에 의지해 성을 잘 쌓았기 때문에 쉽게 무너뜨릴 수 없다.'라고 말했을 정도니까요. 고구려를 공격했던 수나라 양제나 당나라 태종이 별다른 소득 없이 물러날 수밖에 없었던 이유도 바로 고구려의 산성 때문이었어요.

그렇다면 고구려의 산성은 어떤 모양을 갖추고 있을까요? 보통 동쪽, 북쪽, 서쪽의 삼면은 높은 산이나 절벽이 있는 곳에 쌓고, 남쪽은 완만하게 경사진 곳에 쌓았어요. 성벽은 땅과 직각을 이루도록 했지요. 성벽 아래쪽은 계단처럼 돌을 차곡차곡 쌓아서 성벽을 튼튼하게 받쳐주는 받침대를 만들었어요. 성을 쌓을 때

오녀산성

온달산성

는 산꼭대기 주변을 띠를 두르듯이 쌓는 테뫼식, 성벽이 골짜기를 싸고 그 사이에 계곡이 흐르는 포곡식, 테뫼식 산성 옆에 포곡식 산성을 이어서 쌓은 복합식 등 여러 가지 방법을 사용했어요.

고구려를 대표하는 산성에는 주몽이 나라를 세운 오녀산성, 압록강 가에 있는 환도산성, 평양 대동강 가의 대성산성 등이 있어요. 또한 고구려가 한강 이남까지 진출해서 쌓은 단양의 온달산성과 음성의 망이산성도 빼놓을 수 없지요.

평지에 자리잡은 백제의 성

고구려의 성이 산지에 위치한 것과 달리 백제의 성들은 평지에 있어요. 한강 유역에 도읍이 있었던 때에는 고구려를 막기 위해, 웅진으로 도읍을 옮긴 뒤에는 고구려와 신라의 침략을 막고자 성을 쌓았지요. 백제를 대표하는 성으로는 풍납토성과 몽촌토성, 공주 공산성 등이 있어요.

몽촌토성

여기서 잠깐! **산성을 쌓는 방법을 바르게 연결하세요.**

산성을 쌓는 방법에는 여러 가지가 있어요. 알맞은 것끼리 연결해 보세요.

포곡식 산성

성벽이 골짜기를 싸고 있는 형태로, 성 안에 넓은 계곡이 있어요.

복합식 산성

테뫼식 산성 옆에 포곡식 산성을 이어서 쌓은 산성이에요.

테뫼식 산성

산꼭대기 주변으로 띠를 두르듯이 쌓은 산성이에요.

정답은 56쪽에

멸망의 길로 들어선 고구려

을지문덕은 수나라군이 살수를 건널 때 미리 기다리고 있다가 막아 두었던 강둑을 터뜨려 수나라군을 물리쳤어요. 수나라 30만 군사 중 7천여 명이 간신히 살아 돌아갔을 정도로 큰 승리를 거두었지요.

고구려는 553년에 밖으로는 신라에게 한강 유역을 내주고, 안으로는 귀족들의 내분에 시달렸어요. 그런데 이것으로 끝이 아니었어요. 6세기 말, 고구려에 더 큰 위기가 찾아왔어요. 중국에 수나라라는 새로운 강자가 들어선 것이지요. 수나라는 혼란스러웠던 중국을 통일하고 엄청난 힘을 자랑했어요. 북방의 강자였던 돌궐까지 무너뜨렸지요. 수나라는 여기에서 그치지 않고 다음 상대로 고구려를 노렸어요.

고구려는 수나라와의 전쟁에 대비하여 군사력을 키우는 등 많은 노력을 기울였어요. 612년 마침내 을지문덕이 이끄는 고구려 군사가 살수에서 수나라의 수백만 대군과 맞섰어요. 결과는 고구려의 큰 승리로 끝났어요. 이 전쟁이 바로 살수대첩

➤➤➤ 아차산 4보루에서 발굴한 유물

화살촉
화살 끝쪽에 박혀 있던 것으로 쇠로 되어 있어요.

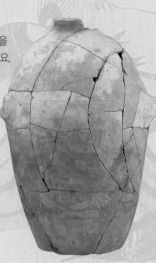

귀 달린 큰항아리
물이나 곡식을 담는 데 썼을 것으로 짐작되는 항아리예요.

뚜껑에 손잡이가 달려 있어요.

오절판
가운데를 동그란 판으로 막고, 그 둘레를 네 개의 판으로 나누어 다섯 칸으로 만든 그릇이에요. 오늘날의 반찬 그릇과 비슷하지요. 이것으로 고구려 사람들이 먹은 반찬의 가지 수가 많음을 알 수 있어요.

이지요. 고구려는 그 뒤에도 여러 차례 계속된 수나라의 공격을 모두 막아 냈어요. 수나라의 뒤를 이은 당나라도 공격해 왔으나 역시 잘 막아 냈지요. 하지만 연달아 큰 전쟁을 치르며 고구려는 점차 국력이 약해져 갔어요.

당나라와의 전쟁을 승리로 이끄는 데 큰 공을 세운 **연개소문**은 그 공을 인정받아 최고의 힘을 가진 대막리지 자리에 올랐어요. 그러나 이후 연개소문이 독재 정치에 빠지면서 고구려는 다시 혼란을 겪었어요. 더욱이 연개소문이 죽은 뒤에는 그 아들들이 후계자 자리를 두고 다툼을 벌였지요. 결국 고구려는 여러 차례의 전쟁과 내부의 갈등으로 인해 668년(보장왕 27) 신라와 당의 공격을 견디지 못하고 멸망했어요.

신라군과 당나라군이 고구려의 평양성을 공격했어요.

연개소문
고구려의 장군으로 영류왕을 죽이고 보장왕을 왕의 자리에 앉힌 뒤 스스로 대막리지가 되어 권력을 차지했어요. 645년(보장왕 4)에는 당 태종이 이끄는 17만 대군을 안시성에서 물리쳤지요.

가락바퀴
솜이나 털 따위의 섬유를 자아서 실을 잣는 데 쓰는 도구예요. 가락에 끼운 실을 잘 돌게 하는 도구이지요.

문을 열고 닫을 때 문의 기둥을 돌릴 수 있도록 돌에 구멍을 파 놓은 것이에요.

시루
음식물을 담아서 찔 수 있도록 만든 도구예요.

시루의 밑바닥에는 구멍을 뚫어 음식이 골고루 잘 익게 했어요.

※이 유물은 굴뚝으로 보는 견해도 있으나 손잡이가 달린 것으로 보아 시루로 보는 것이 타당하다는 감수자의 견해를 받아들여 시루로 표기하였습니다.

산불로 세상의 빛을 본 고구려 유적

1989년 여름, 아차산에 큰 산불이 났어요. 그런데 놀랍게도 불이 난 자리 여기저기에서 사람들이 일부러 돌을 쌓은 듯한 흔적이 드러났어요. 평소에 아차산을 자주 오르내리던 사학자 김민수 씨는 이 흔적들을 보고 이상하게 여겨 관심을 갖고 살펴보았어요. 그 결과 이 16개 흔적들이 보루라는 사실을 알아냈지요. 김민수 씨는 더 정확한 조사와 발굴을 위해 구리문화원에 조사를 요청했고 구리문화원에서는 서울대학교 박물관에 아차산 유적 발굴을 의뢰했어요.

서울대학교 발굴 조사단은 먼저 해발 285미터 정도의 아차산 최고봉인 4보루와 시루봉 보루에서 군인들이 머물렀던 초소를 발굴했어요. 그런데 이 곳에서 깜짝 놀랄 만한 일이 벌어졌어요. 1,500여 년 동안 땅 속에 묻혀 있던 고구려의 유물들이 수줍게 모습을 드러낸 것이지요.

이 곳에서 발굴한 유물은 1,500여 점에 달했어요. 남한에서 발굴한 고구려 유물로는 가장 많은 양이었지요. 특히 우물터는 진흙으로 단단하게 만든 원래 형태가 그대로 드러나 고구려 군대의 생활 모습을 알 수 있는 중요한 기초 자료가 되었어요. 또한, 고구려가 이 곳 아차산 일대를 남쪽 국경의 최전방 기지로 사용하고자 보루를 쌓았음을 확인할 수 있었어요.

더불어 고구려가 한강 이남까지 영토를 넓혔다는 것과 백제, 신라와 한강을 두고 맞섰다는 역사적 사실도 확인할 수 있었지요.

유물의 나이를 알 수 있다고?

유물의 시기를 알아보는 방법으로 가장 많이 사용하는 것은 방사성 탄소 연대 측정법이에요. 이것은 지구상 어디에나 일정한 분량의 탄소가 있고, 탄소의 양은 시간이 지남에 따라 줄어든다는 원리를 이용한 것이지요. 탄소는 5,730년 만에 그 양이 정확히 반으로 줄어드는 성질이 있어요. 예를 들어 무게가 1,000킬로그램인 코끼리가 죽었을 때 그 안에는 탄소가 1그램 있어야 하는데 0.5그램만 남아 있다면 코끼리는 죽은 지 5,730년이 지났다는 것이지요. 그러나 이 방법에는 한계가 있어요. 측정할 수 있는 시간이 7만6천 년밖에 안 되고 돌이나 금속으로 된 유물은 측정할 수 없기 때문이지요. 그래도 참 대단하지요? 유물의 나이를 알 수 있다니 말이에요.

아차산 4보루에서 발굴한 고구려 토기들

고구려 역사,
우리가 반드시 알아야 해요!

　지금까지 우리는 아차산을 통해서 고구려의 역사에 대해 알아보았어요. 고구려는 삼국 중에서도 가장 돋보이는 용맹함과 뛰어난 전술로 중국의 침략을 여러 차례 막아 냈어요. 그리고 북쪽과 남쪽으로 뻗어 나가 우리 역사상 가장 넓은 영토를 차지했지요. 이러한 고구려의 역사는 우리 나라 역사의 출발점이라 해도 지나치지 않아요.

　그런데 앞에서도 살펴보았듯이 중국은 동북공정이라는 억지 주장을 하고 있어요. 뿐만 아니라 백두산을 '장바이산'이라 부르며 중국의 산으로 만들기 위해 공항과 고속도로 건설을 서두르고 있지요. 이른바 '백두산공정'이에요. 심지어 우리 나라가 수천 년을 누려 온 온돌마저 중국의 것이라고 우기고 있어요. 온돌의 기원이 '캉'이며 중국 북방에서 발생해 한반도로 전해졌으나 오늘날 상하이 등지에서 중국 문화로 되살아나고 있다는 억지 주장이지요.

　그런데 이상한 것은 동북공정과 같은 중국의 억지 주장을 국제 사회가 받아들였다는 점이에요. 2004년에 고구려의 대표적인 유적과 유물이 중국의 문화 유산으로 유네스코에 이름을 올린 거예요. 여기에는 우리가 잘 아는 광개토대왕릉, 장군총, 무용총, 각저총 등의 고구려 무덤과 오녀산성, 국내성, 환도산성 등의 고구려 옛 성들이 모두 포함되어 있어요. 이로써 국제적으로는 고구려의 역사가 사실상 중국의 역사가 되고 말았지요. 이는 고구려가 멸망한 668년까지의 우리 나라 역사를 중국에 송두리째 빼앗긴 것이나 마찬가지랍니다.

　바로 이런 이유에서 고구려의 역사를 바로 알고 지키는 일이 중요해요. 앞으로 고구려 유적에 대한 깊고 넓은 연구를 통해 고구려가 우리 나라의 역사임을 당당히 밝혀야겠지요?

이 곳도 둘러보아요!

아차산의 고구려 유적 답사는 잘 마쳤나요? 그러면 아차산에서 둘러볼 만한 다른 곳들도 알아볼까요?
먼저 고구려 유적이 발견된 용마산 보루와 시루봉 보루에 가 보아요. 영화사, 아차산 생태공원, 용마봉,
대성암 등도 가 볼 만한 곳이에요. 자, 그럼 출발해 볼까요?

여기에도 고구려 유적이 있어요!

용마산 보루

시루봉 보루

아차산에서 이 곳도 둘러보세요!

영화사

672년 신라 문무왕 때 의
상대사가 만들었어요. 처
음에는 화양사라고 불렸
어요. 영화사에는 조선 시
대 세조가 병을 고쳤다는
전설이 담긴 미륵석불이
있어요.

영화사 전경

400년 된 느티나무를 비롯해 여러 그루의 나무와 무성
한 숲으로 둘러싸여 있어 지역 주민들의 안식처로 이용
되고 있지요.

아차산 생태공원

아차산 생태공원은 아차
산공원 입구에 있어요.
이 곳에는 180여 종류의
꽃과 나무가 있으며 다람
쥐, 딱새, 참새 등 30여
종의 동물들이 살아요.

아차산 생태공원 전경

이 곳 생태공원에서는 생태공원 체험학습, 가족과 함께
하는 주말 체험 교실, 자연 체험 교실 등을 운영하고 있
어요.
※아차산 생태공원 연락처 ☎ (02) 450-1192

용마산 보루

아차산에서 가장 높은 용마산 꼭대기에서 남쪽으로 내려오는 능선의 곳곳에 있어요. 모두 7개의 보루가 있는데, 아차산의 다른 보루들과 계곡을 사이에 두고 나란히 늘어서 있지요. 그래서 아차산 보루가 왕숙천과 한강 건너 남쪽 지역을 감시하는 데 사용된 요새라면, 용마산 보루는 중랑천을 포함한 한강 북쪽 지역을 감시하기 위해 만든 전략적 요충지로 볼 수 있어요.

시루봉 보루

시루봉 보루는 아차산의 동쪽 능선 끝부분에 있는 작은 봉우리예요. 남쪽으로는 한강, 동쪽으로는 왕숙천을 바라보고 있어 강남 지역과 구리시 토평동 일대를 한눈에 내려다볼 수 있지요. 시루봉 보루는 아차산 4보루와 비슷한 구조로 이루어져 있어요. 건물터와 온돌, 배수 시설, 저수 시설 등이 발굴되었지요. 다만 성벽을 쌓은 방법이나 출토된 유물 등으로 보아 아차산 4보루보다 지위가 낮은 부대가 있었을 것으로 보여요.

용마봉

용마산 3보루가 있는 곳이에요. 348미터 높이로 아차산 줄기에서 가장 높아 아차산과 용마산 보루들을 한눈에 내려다볼 수 있지요.

대삼각본점

이 곳에는 대삼각본점이 있어요. 대삼각본점은 토지의 경계를 정하는 기준으로 매우 중요한 국가 시설이지요. 용마봉에 가서 이 곳에 얽힌 아기장사 이야기에 대해 알아보는 것도 재미있을 거예요.

대성암

신라 의상대사가 647년에 지은 절이에요. 아차산 2보루 아래쪽에 있지요. 1375년에 고려의 우왕이 대성암이라고 하기 전까지 범굴사로 불렸어

온달샘 석탑

요. 대성암에서 남쪽으로 약 300미터 떨어진 곳에는 온달샘 석탑이 있어요. 탑의 일부분만 남아 있어서 정확한 층수와 만든 시기는 알 수 없지만 고려 후기의 것으로 보이는 유물이에요.

여러분, 아차산 체험은 즐거웠나요? 고구려 역사의 현장인 아차산을 둘러본 소감은 어떤가요?
자, 그럼 이제부터 체험학습을 얼마나 잘 했는지 알아보아요.

1 관계 있는 것끼리 연결하세요.

다음은 아차산 일대의 고구려 보루에서 나온 유물들이에요. 알맞은 것끼리 연결해 보세요.

방아확 •

• 방앗공이로 찧을 수 있게 우묵하게 판 돌이에요.

오절판 •

• 음식물을 담아서 찔 수 있도록 만든 도구예요.

귀 달린
큰항아리 •

• 가운데를 동그란 판으로 막고 그 둘레를 네 개의 판으로 나누어 다섯 칸으로 만든 그릇이에요.

집수정 •

• 물이나 곡식을 담는 데 썼던 도구예요.

시루 •

• 물을 가두어 두었던 곳이에요.

② 지도를 보고, 순서대로 써 보세요.

다음은 백제, 고구려, 신라의 삼국이 한강 유역을 차지했던 시기를 나타낸 지도예요. 물음에 답하세요.

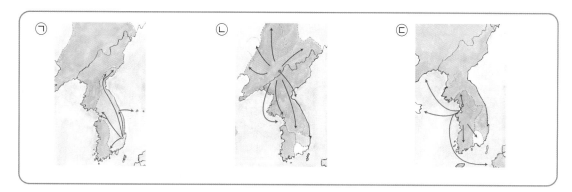

ⓒ   ⓛ   ⓒ

(1) 각각 어느 나라의 전성기 때 지도인지 나라 이름을 쓰세요.

　ⓒ : (　　　　　　　　)　　ⓛ : (　　　　　　　　)　　ⓒ : (　　　　　　　　)

(2) 삼국이 한강 유역을 차지한 순서대로 기호를 쓰세요. (　　　) → (　　　) → (　　　)

③ 다음 보기를 보고, 표의 빈 칸을 완성해 보세요.

다음은 중국의 동북공정에 반박하는 내용을 정리한 것이에요. 보기에서 알맞은 것을 골라 표의 빈 칸을 채워 보세요.

> **보기**　　고려, 통일신라, 발해, 보루, 국제

중국의 주장	우리 나라의 반박
중국의 영토 안에서 이루어진 역사는 모두 중국의 역사로 고구려도 중국의 역사이다.	한강 이남의 아차산에서 고구려 군사 유적인 (　　　　　)가 발견되었으므로, 고구려는 우리 나라의 역사이다.
중국의 수나라와 고구려의 전쟁이나 당나라와 고구려의 전쟁은 중국 내의 중앙 정부와 지방 정권 사이의 국내 전쟁이다.	중국의 수나라와 당나라는 우리 역사상의 나라인 고구려와 전쟁을 한 것으로 이는 국가 간의 전쟁, 다시 말해서 (　　　　　) 전쟁이다.
고려는 고구려를 계승한 나라가 아니다.	(　　　　　)는 고구려를 계승한 나라이다.
고구려가 멸망한 뒤에 고구려 유민은 대부분 중국에 속하게 되었다.	고구려가 멸망한 뒤에 고구려 유민은 (　　　　　)와 (　　　　　)에 속하게 되었다.

☞ 정답은 56쪽에

직접 만드는 아차산 답사 지도

고구려의 여러 보루와 고구려 사람들이 남긴 유물을 보면서 어떤 생각을 했나요? 고구려 역사는 중국이 주장하듯 중국의 것이 아니라 우리 나라의 것이라는 자신감이 생겼지요? 이제 아차산 답사 지도를 만들면서 자랑스러운 우리의 고구려 역사에 대해 다시 한 번 생각해 보아요.

답사 지도, 이렇게 만들어요!

❶ 아차산 지도를 준비해요
지도는 이 책의 6∼7쪽을 보고 직접 그려 보세요.

이 곳이 바로 고구려 역사의 현장, 아차산이에요!

❷ 유적지의 이름을 써서 붙여요
유적지의 이름을 써서 지도에 있는 해당 유적지 부분에 붙여요. 다른 사람이 잘 알아볼 수 있도록 정확한 위치에 붙이세요.

홍련봉 1보루에서부터 출발해 볼까요?

❸ 답사한 곳에서 기념할 만한 것들을 글로 써 넣어요
각 유적지에 대한 역사적 사실이나 전해 오는 이야기를 적어 보세요. 유적지를 둘러보면서 생각한 것이나 느낀 점을 적어도 좋아요.

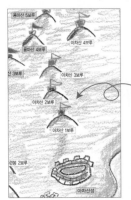

아차산 1보루 ∼ 4보루

아차산 보루에서는 단지, 항아리, 사발, 시루, 접시 등의 토기와 철 못, 끌, 낫, 호미, 화살촉 등의 철기류가 출토되었어요. 그리고 놀랍게도 모두 고구려의 유물로 짐작되지요.

❹ 유물 사진을 붙여요
책의 마지막에 있는 〈숙제를 돕는 사진〉을 활용하세요.

박물관에서 직접 찍어도 좋아요.

답사한 곳 외에 주변 유적지에 대해서도 간단히 적고, 사진을 붙여 보세요.

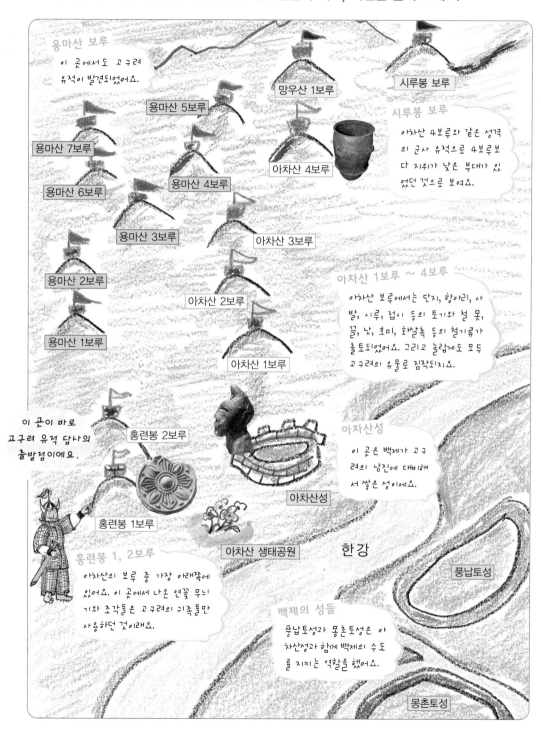

용마산 보루

이 곳에서도 고구려 유적이 발견되었어요.

망우산 1보루

시루봉 보루

용마산 5보루

용마산 7보루

아차산 4보루

용마산 4보루

용마산 6보루

시루봉 보루

아차산 4보루와 같은 성격의 군사 유적으로 4보루보다 지위가 낮은 부대가 있었던 것으로 보여요.

용마산 3보루

아차산 3보루

용마산 2보루

용마산 1보루

아차산 2보루

아차산 1보루

아차산 1보루 ~ 4보루

아차산 보루에서는 단지, 항아리, 사발, 시루, 접시 등의 토기와 철 못, 끌, 낫, 호미, 화살촉 등의 철기류가 출토되었어요. 그리고 놀랍게도 모두 고구려의 유물로 짐작되지요.

이 곳이 바로 고구려 유적 답사의 출발점이에요.

홍련봉 2보루

아차산성

아차산성

이 곳은 백제가 고구려의 남진에 대비해서 쌓은 성이에요.

홍련봉 1보루

홍련봉 1, 2보루

아차산의 보루 중 가장 아래쪽에 있어요. 이 곳에서 나온 연꽃 무늬 기와 조각들은 고구려의 귀족들만 사용하던 것이래요.

아차산 생태공원

한강

풍납토성

백제의 성들

풍납토성과 몽촌토성은 아차산성과 함께 백제의 수도를 지키는 역할을 했어요.

몽촌토성

정답

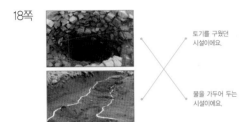

18쪽

토기를 구웠던 시설이에요.

물을 가두어 두는 시설이에요.

23쪽 ④

25쪽 한 보루가 공격당했을 때 다른 보루에서 적을 쉽 게 공격하기 위해서

27쪽 ① ○ ② × ③ ○ ④ × ⑤ ×

29쪽 ① ○ ② × ③ ○

31쪽 절구, 디딜방아

39쪽 방아확 – (㉠), 볼씨 – (㉪)

43쪽

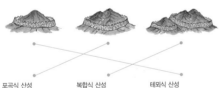

포곡식 산성
성벽이 골짜기를 싸고 있는 형태로, 성 안에 넓은 계곡이 있어요.

복합식 산성
테뫼식 산성 옆에 포곡식 산성을 이어서 쌓은 산성이 에요.

테뫼식 산성
산꼭대기 주변으로 띠를 두르듯이 쌓은 산성이에요.

다 풀어 보았나요? 잘 모르는 건은 책을 찾아 보세요.

나는 아차산 박사!

1 관계 있는 것끼리 연결하세요.

다음은 아차산 일대의 고구려 보루에서 나온 유물들이에요. 알맞은 것끼리 연결해 보세요.

방아확 — 방앗공이로 찧을 수 있게 우묵하게 판 돌이에요.

오절판 — 음식물을 담아서 찔 수 있도록 만든 도구예요.

귀 달린 큰항아리 — 가운데를 동그란 판으로 막고 그 둘레를 네 개의 판으로 나누어 다섯 칸으로 만든 그릇이에요.

집수정 — 물이나 곡식을 담는 데 썼던 도구예요.

시루 — 물을 가두어 두었던 곳이에요.

2 지도를 보고, 순서대로 써 보세요.

다음은 백제, 고구려, 신라의 삼국이 한강 유역을 차지했던 시기를 나타낸 지도예요. 물음에 답하세요.

㉠   ㉡   ㉢

(1) 각각 어느 나라의 전성기 때 지도인지 나라 이름을 쓰세요.
㉠ : (신라)   ㉡ : (고구려)   ㉢ : (백제)

(2) 삼국이 한강 유역을 차지한 순서대로 기호를 쓰세요. (㉢) → (㉡) → (㉠)

3 다음 보기를 보고, 표의 빈 칸을 완성해 보세요.

다음은 중국의 동북공정에 반박하는 내용을 정리한 것이에요. 보기에서 알맞은 것을 골라 표의 빈 칸을 채워 보세요.

보기 고려, 통일신라, 발해, 보루, 국제

중국의 주장	우리 나라의 반박
중국의 영토 안에서 이루어진 역사는 모두 중국의 역사로 고구려도 중국의 역사이다.	한강 이남의 아차산에서 고구려 군사 유적인 (보루)가 발견되었으므로, 고구려는 우리 나라의 역사이다.
중국의 수나라와 고구려의 전쟁이나 당나라와 고구려의 전쟁은 중국 내의 중앙 정부와 지방 정권 사이의 국내 전쟁이다.	중국의 수나라와 당나라는 우리 나라인 고구려와 전쟁을 한 것으로 이는 국가 간의 전쟁, 다시 말해서 (국제) 전쟁이다.
고려는 고구려를 계승한 나라가 아니다.	(고려)는 고구려를 계승한 나라이다.
고구려가 멸망한 뒤에 고구려 유민은 대부분 중국에 속하게 되었다.	고구려가 멸망한 뒤에 고구려 유민은 (발해)와 (통일신라)에 속하게 되었다.

사진

최원근 9p(광개토 대왕비), 9~10p(장군총), 16p(홍련봉 2보루), 20~21p(오녀산성), 22p(아차산성 바깥쪽 성벽), 25p(아차산성 망대), 30p(아차산 2보루 돌무더기), 36~37p(통거우 고분군), 37p(온달 장군과 평강 공주 동상), 38p(아차산 3보루 발굴 현장), 40p(평강 공주의 통곡바위), 40p(온달 장군의 주먹바위), 42p(오녀산성), 42p(온달산성), 50p(아차산 생태공원 전경), 51p(용마봉 대삼각본점), 51p(대성암 옹달샘 석탑)

유승률 10p(홍련봉 1보루 전경), 11p(홍련봉 1보루의 성벽), 11p(건물 기단), 12p(연꽃 무늬 기와), 12p(그물추), 12p(화살촉과 비늘 갑옷 조각), 13p(통일 신라 시대의 토기), 13p('부'자가 새겨진 명문토기), 13p(온돌과 기와 조각), 17p(토기 가마터), 17p(집수정), 22p(아차산성 안쪽 성벽), 24p(아차산성 건물 자리), 24p(집수정), 24p(건물터의 토기와 기와 조각), 28p(아차산 1보루 전경), 29p(홍련봉 1보루에서 발굴한 무기류), 38p(출입 시설), 38p(방아확과 볼씨), 51p(용마산 보루), 51p(시루봉 보루)

장세현 3p(수렵도), 10p(삼실총 전투 벽화), 28p(각저총 온돌 벽화), 29p(안악 3호분 우물 벽화), 30p(안악 3호분 방앗간 벽화), 31p(안악 3호분 부엌 벽화)

구리문화원(김응주) 40p(아차산 4보루 발굴 모습), 40p(저수 시설), 40p(온돌), 41p(글자를 새긴 토기), 41p(쇠로 만든 못과 칼), 41p(큰 항아리), 41p(쇠 허리띠의 고리 부분), 44p(화살촉), 44p(귀 달린 큰항아리), 44p(오절판), 45p(가락바퀴), 45p(문 기둥을 돌릴 수 있도록 돌에 구멍을 파 놓은 것), 45p(시루), 45p(시루 밑바닥), 47p(아차산 4보루에서 발굴한 고구려 토기들)

서울대학교 박물관 26p(토제인물상), 26p(철제보습), 26p(철제삼족정), 26p(연화문와당)

촬영 3p(아차산에서 바라본 한강), 43p(몽촌토성), 50p(영화사 전경)

초등학교 교과서와 관련된 학년별 현장 체험학습 추천 장소

1학년 1학기 (21곳)	1학년 2학기 (18곳)	2학년 1학기 (21곳)	2학년 2학기 (25곳)	3학년 1학기 (31곳)	3학년 2학기 (37곳)
철도박물관	농촌 체험	소방서와 경찰서	소방서와 경찰서	경희대자연사박물관	IT월드(과천정보나라)
소방서와 경찰서	광릉	서울대공원 동물원	서울대공원 동물원	광릉수목원	강원도
시민안전체험관	홍릉 산림과학관	농촌 체험	강릉단오제	국립민속박물관	경희대자연사박물관
천마산	소방서와 경찰서	천마산	천마산	국립서울과학관	광릉수목원
서울대공원 동물원	월드컵공원	남산골 한옥마을	월드컵공원	국립중앙박물관	국립경주박물관
농촌 체험	시민안전체험관	한국민속촌	남산골 한옥마을	기상청	국립고궁박물관
코엑스 아쿠아리움	서울대공원 동물원	국립서울과학관	한국민속촌	서대문자연사박물관	국립국악박물관
선유도공원	우포늪	서울숲	농촌 체험	선유도공원	국립부여박물관
양재천	철새	갯벌	서울숲	시장 체험	국립서울과학관
한강	코엑스 아쿠아리움	양재천	양재천	신문박물관	남산
에버랜드	짚풀생활사박물관	동굴	선유도공원	경상북도	남산골 한옥마을
서울숲	국악박물관	고성 공룡박물관	불국사와 석굴암	양재천	롯데월드민속박물관
갯벌	천문대	코엑스 아쿠아리움	국립중앙박물관	경기도	국립민속박물관
고성 공룡박물관	자연생태박물관	옹기민속박물관	국립민속박물관	이화여대자연사박물관	삼성어린이박물관
서대문자연사박물관	세종문화회관	기상청	전쟁기념관	전쟁기념관	서대문자연사박물관
옹기민속박물관	예술의 전당	시장 체험	판소리	천마산	선유도공원
어린이 교통공원	어린이대공원	에버랜드	DMZ	한강	소방서와 경찰서
어린이 도서관	서울놀이마당	경복궁	시장 체험	화폐금융박물관	시민안전체험관
서울대공원		강릉단오제	광릉	호림박물관	경상북도
남산자연공원		몽촌역사관	홍릉 산림과학관	홍릉 산림과학관	월드컵공원
삼성어린이박물관		국립현대미술관	국립현충원	우포늪	육군사관학교
			국립4·19묘지	소나무 극장	해군사관학교
			지구촌민속박물관	예지원	공군사관학교
			우정박물관	자운서원	철도박물관
			한국통신박물관	서울타워	이화여대자연사박물관
				국립중앙과학관	제주도
				엑스포과학공원	천마산
				올림픽공원	천문대
				전라남도	태백석탄박물관
				경상남도	판소리박물관
				허준박물관	한국민속촌
					임진각
					오두산 통일전망대
					한국천문연구원
					종이미술박물관
					짚풀생활사박물관
					토탈야외미술관

4학년 1학기 (34곳)	4학년 2학기 (56곳)	5학년 1학기 (35곳)	5학년 2학기 (61곳)	6학년 1학기 (36곳)	6학년 2학기 (33곳)
강화도	IT월드 (과천정보나라)	갯벌	IT월드 (과천정보나라)	경기도박물관	IT월드 (과천정보나라)
갯벌	강화도	광릉수목원	강원도	경복궁	KBS 방송국
경희대자연사박물관	경기도박물관	국립민속박물관	경기도박물관	덕수궁과 정동	경기도박물관
광릉수목원	경복궁 / 경상북도	국립중앙박물관	경복궁	경상북도	경복궁
국립서울과학관	경주역사유적지구	기상청	덕수궁과 정동	고성 공룡박물관	경희대자연사박물관
기상청	경희대자연사박물관	남산골 한옥마을	경상북도	국립민속박물관	광릉수목원
농촌 체험	고창, 화순, 강화 고인돌유적	농업박물관	경희대자연사박물관	국립서울과학관	국립민속박물관
서대문자연사박물관	전라북도	농촌 체험	고인쇄박물관	국립중앙박물관	국립중앙박물관
서대문형무소역사관	고성공룡박물관		충청도	농업박물관	국회의사당
서울역사박물관	충청도	서울국립과학관	광릉수목원	롯데월드민속박물관	기상청
소방서와 경찰서	국립경주박물관	서울대공원 동물원	국립공주박물관	몽촌토성과 풍납토성	남산
수원화성	국립민속박물관	서울숲	국립경주박물관	민주화현장	남산골 한옥마을
시장 체험	국립부여박물관	서울시청	국립고궁박물관	백범기념관	대법원
경상북도	국립서울과학관	서울역사박물관	국립민속박물관	서대문자연사박물관	대학로
양재천	국립중앙박물관	시민안전체험관	국립서울과학관	서대문형무소 역사관	민주화현장
옹기민속박물관	국립국악박물관 / 남산	경상북도	국립중앙박물관	서울역사박물관	백범기념관
월드컵공원	남산골 한옥마을	양재천	남산골 한옥마을	조선의 왕릉	아인스월드
철도박물관	농업박물관 / 대법원	강원도	농업박물관	성균관	서대문자연사박물관
이화여대자연사박물관	대학로	월드컵공원	롯데월드민속박물관	시민안전체험관	국립서울과학관
천마산	롯데월드민속박물관	유명산	충청도	경상북도	서울숲
천문대	몽촌토성과 풍납토성	제주도	서대문자연사박물관	암사동 선사주거지	신문박물관
철새	불국사와 석굴암	짚풀생활사박물관	성균관	운현궁과 인사동	양재천
홍릉 산림과학관	서대문자연사박물관	천마산	세종대왕기념관	전쟁기념관	월드컵공원
화폐금융박물관	서울대공원 동물원	한강	수원화성	천문대	육군사관학교
선유도공원	서울숲	한국민속촌	시민안전체험관	철새	이화여대자연사박물관
독립공원	서울역사박물관	호림박물관	시장 체험 / 신문박물관	청계천	중남미박물관
탑골공원	조선의 왕릉	홍릉 산림과학관	경기도	짚풀생활사박물관	짚풀생활사박물관
신문박물관	세종대왕기념관	하회마을	강원도	태백석탄박물관	창덕궁
서울시의회	수원화성	대법원	경상북도	해인사 고려대장경과 장경판전	천문대
선거관리위원회	승정원 일기 / 양재천	김치박물관	옹기민속박물관	호림박물관	우포늪
소양댐	옹기민속박물관	난지하수처리사업소	운현궁과 인사동	유니세프 한국위원회	판소리박물관
서남하수처리사업소	월드컵공원	농촌, 어촌, 산촌 마을	육군사관학교	무령왕릉	한강
중랑구재활용센터	육군사관학교	들꽃수목원	이화여대자연사박물관	현충사	홍릉 산림과학관
중랑하수처리사업소	철도박물관	정보나라	전라북도	덕포진교육박물관	화폐금융박물관
	이화여대자연사박물관	드림랜드	전쟁박물관	서울대학교 의학박물관	훈민정음
	조선왕조실록 / 종묘	국립극장	창경궁 / 천마산	상수허브랜드	상수도연구소
	종묘제례		천문대		한국자원공사
	창경궁 / 창덕궁		태백석탄박물관		동대문소방서
	천문대 / 청계천		한강		중앙119구조대
	태백석탄박물관		한국민속촌		
	판소리 / 한강		해인사 고려대장경과 장경판전		
	한국민속촌		화폐금융박물관		
	해인사 고려대장경과 장경판전		중남미문화원		
	호림박물관		첨성대		
	화폐금융박물관		절두산순교유적지		
	훈민정음		천도교 중앙대교장		
	온양민속박물관		한국에너지기술연구원		
	아인스월드		한국자수박물관		
			초전섬유퀼트박물관